Dr. Uta Taschner

Das Jenseits ist anders

- Durchgaben aus der geistigen Welt -

VERLAG BRUNO RUNZHEIMER

ISBN 3-928401-08-4

3. Auflage

Druck: Fuldaer Verlagsanstalt, 36037 Fulda

DAS JENSEITS IST ANDERS

Durchgaben aus der geistigen Welt

Inhhaltsverzeichnis

Fr.: = Frage *Aw.*: = Antwort

Vorwort

Diese Dokumentation ist für Leser gedacht, die bereits einige Kenntnisse auf dem Gebiet der Parapsychologie, der Esoterik oder einem ähnlichen Wissens- und Forschungsgebiet besitzen. Es soll kein Lexikon sein, sondern den Inhalt von Gesprächen bekanntmachen, die vom Leiter der parapsychologischen Studiengruppe Österreich, Dr.jur. Karl Schroffenegger, in Form zahlreicher Hellsehsitzungen mit dem nach eigenen Angaben am 4.5.1944 im zweiten Weltkrieg in Rußland gefallenen Heilpraktiker *FRIEDRICH TASCHNER* über seine Tochter, Dr.med. *UTA TASCHNER*, praktizierende Ärztin in Lindau, als Hellsehmedium in den Jahren 1991 und 1992 geführt wurden.

Die Gespräche wurden auf Tonband aufgezeichnet und teils wörtlich, teils sinngemäß zu Papier gebracht. Der gesamte Text wurde dann in weiteren Sitzungen mit Friedrich Taschner, dem eigentlichen Autor, besprochen, von ihm korrigiert, ergänzt und als mit seinen Durchgaben übereinstimmend und seinem Wissen entsprechend bestätigt. Nach seinen eigenen Angaben stand ihm bei der Beantwortung der nicht immer einfachen Fragen ein Stab jenseitiger Helfer und Mitarbeiter zur Seite. Diese Gruppe wurde vom Medium in den Sitzungen auch mehrfach gesehen und beschrieben.

Bewußt unrichtige Angaben sind nach den mehr als 15-jährigen Erfahrungen, die die Parapsychologische Studiengruppe Österreich und ihr Leiter mit den verschiedensten Hellseh-, Mal-, Volltrance- und Teiltrancemedien sammeln konnte, bei dem hier verwendeten System der telepathischen Kommunikation nicht möglich, da die Informationen hier direkt als Gedankenübertragung und gedankliche Bildübertragung übernommen werden. Der jenseitige Kommunikator kann daher nichts anderes mitteilen, als er denkt.

Friedrich Taschner, am 19.2.1908 in Graz, Österreich, geboren, war schon als junger Mann bei Kollegen und Freunden geschätzt und beliebt. Er galt als freier, scharfer Denker, der schon bald eingefahrene Wege verließ, um dann als Heilpraktiker weiterhin allem Neuen gegenüber aufgeschlossen und dennoch kritisch zu sein. Das erklärt auch den an mancher Stelle ausgeprägt wissenschaftlichen Stil der Durchgaben.
Für die vorliegende Dokumentation möchte ich ihm und seinen jenseitigen Mitarbeitern, auch im Namen aller, denen dieses Buch zu neuen Erkenntnissen verhilft, meinen aufrichtigen Dank aussprechen. Anerkennung und Dank gebühren aber auch seiner Tochter, Dr. med. Uta Taschner, die bereitwillig als Hellsehmedium in vielen Sitzungen die Informationen ihres Vaters durchgegeben hat und dieses Buch initiierte, um das von ihrem Vater übermittelte Wissen an die Öffentlichkeit weiterzugeben.

Feldkirch, 4.5.1992

Dr.jur.Karl Schroffenegger

Meinem Mentor und Freund Dr. jur. Karl Schroffenegger, Leiter der Parapsychologischen Studiengruppe Österreich, möchte ich an dieser Stelle, auch im Namen meines Vaters, Friedrich Taschner, meinen tief empfundenen Dank aussprechen für seinen selbstlosen Einsatz, seine stete Hilfsbereitschaft und sein persönliches Engagement, womit er zum Gelingen dieses Buches in hervorragender Weise beigetragen hat.

Ich wünsche ihm und seiner Arbeit weiterhin viel Erfolg.

Dr. Uta Taschner
Im September 1992

STERBEVORGANG UND LEBEN IM JENSEITS

Fr.: ***Warum sterben manche Menschen schwer und andere leicht?***

Aw.: Das hängt davon ab, wie sehr der Betreffende am Körper und der Materie hängt. Die Todesangst ist proportional zu diesem Sich-Nicht-Lösen-Können. Wenn die Menschen in der Todesstunde mehr Gottvertrauen hätten, würden sie sich das Sterben sehr erleichtern und sich einen besseren Weg in die geistige Welt bahnen. Sie hätten dann keine oder jedenfalls weniger Todesangst. Auch das Gebet hilft sehr viel.

Wenn sich die Seele im Vertrauen auf Gott in die Entspannung löst, kann sie angstfrei hinübergehen und der ganze Sterbevorgang ist leichter, denn drüben stehen die Helfer schon bereit. Sie können aber nur helfen, wenn die Angstblockaden, durch die sie ihre helfenden Hände nicht hindurchstrecken können, weg sind.

Es gibt auch Sterbende, die selbst ihre Hände zu den Helfern ausstrecken, weil sie in ihrem Innern bereit sind, zu sterben, und wissen, daß ein besseres Jenseits auf sie wartet.

Wenn aber die Menschen in der Todesstunde angstgelähmt sind, sei es nur die Angst vor dem Unbekannten oder sei es die Angst vor Strafe und Vergeltung, dann entsteht für die jenseitigen Helfer infolge der negativen Frequenzen eine unüberwindbare Kluft.

Diese Menschen sterben dann langsamer und leiden mehr, besonders durch Seelenqualen. Die Körperschmerzen sind nicht das Schlimmste. Die Seele leidet mehr unter den selbstverursachten Ängsten, da die körperlichen Schmerzen in der Todesstunde gar nicht oder nur sehr abgeschwächt wahrgenommen werden.

Besonders wenn die Seele bereit ist zu gehen und den

Körper verlassen möchte, nimmt sie die Schmerzen nicht mehr so wahr. Wenn sie aber bleiben will und sich im Körper verkrallt, verspürt der Sterbende die Schmerzen zusätzlich verstärkt.

Die jenseitigen Helfer sind meistens Verwandte, die der Sterbende kennt und zu denen er Vertrauen hat. Dadurch, daß der Sterbende diese Verwandten wahrnimmt, werden auch Ängste abgebaut. Es können natürlich auch gute Freunde oder andere geliebte Verstorbene sein. Der Sterbende erfreut sich an ihrem Anblick und hat dadurch mehr Vertrauen in seine Zukunft. Er blickt zuversichtlicher in das sogenannte Jenseits, wenn er dort geliebte oder gut bekannte Personen sieht. Diese Wiedersehensfreude erleichtert ihm den Übergang vom Diesseits ins Jenseits.

Das Sterben ist ein Seelenvorgang.

Fr.: ***Kann sich bei Euch drüben jeder als Sterbehelfer betätigen ?***

Aw.: Nein. Wenn keine geeigneten Verwandten oder Freunde vorhanden sind, wird jemand mit der Sterbehilfe beauftragt. Der Beauftragte ist aber nicht immer über diese Aufgabe erfreut, weil er weiß, daß sie manchmal schwer ist.

Hingegen löst sich die sogenannte Silberschnur, die die Verbindung zwischen Körper und Seele darstellt, von selbst. Die Seele nimmt diese Schnur beim Sterben mit, zieht sie kurze Zeit hinter sich her, bis sie immer dünner wird und abreißt. Dazu sind keine Helfer nötig.

Bei einem todesähnlichen Vorgang, der Astralwanderung oder Seelenreise, lösen sich die Seele und das Bewußtsein ebenfalls vom Körper, aber die Silberschnur wird in diesem Falle nicht durchtrennt, sondern eher noch mehr festgedreht und ernährt geistig den zurückbleibenden Körper.

Fr.: ***Was machst Du selbst jetzt im Jenseits hauptsächlich, lieber Friedrich ?***

Aw.: Ich habe in meinem Haus einen eigenen Behandlungsraum mit einer Patientenliege, bin hier medizinisch tätig, behandle Patienten und die ärztliche Tätigkeit ist meine Hauptbeschäftigung.

Fr.: ***Gibt es bei Euch im Jenseits also ebenfalls Kranke oder sind das Leute, die noch auf Erden leben?***

Aw.: Sowohl als auch. Verstorbene nehmen oft Psychosen und Depressionen mit in die geistige Welt. Auch Schuldreaktionen, die man sich aufgebürdet hat, oder andere psychische Belastungen. Schlimm sind die Schuldgefühle.

Organische Erkrankungen sind natürlich nicht mehr vorhanden, nur ihre seelischen Ursachen, wenn sie durch das Leiden nicht, oder nicht zur Gänze getilgt werden konnten. Diese Schuldgefühle werden mit Schulungen, manchmal sogar mit einer sehr strengen Schulung behandelt. Auf Wehleidigkeit oder Zimperlichkeit wird keine Rücksicht genommen. Dem Patienten wird das ganz klar gesagt und er hat es zu akzeptieren. Er kann sich hier nicht zurückziehen oder verstecken, sondern muß vor allen anderen Anwesenden in Stärke zu seiner Seele stehen, muß sich seelisch zusammennehmen und kann sich auch entsprechend stark machen, um alles zu ertragen und zu bewältigen. Das paßt vielen nicht.

Aber man geht hier nicht bis zur Grenze des gerade noch Erträglichen, sondern in positivem Sinne soweit, wie es für ihn nötig ist. Und die meisten sind stärker als sie meinen. Aber sie möchten es lieber nicht sein, weil es unbequem ist. Darauf wird jedoch keine Rücksicht genommen. Das ist eine wesentliche Behandlungsmethode, die einen sehr breiten Raum einnimmt.

Die Operationen beziehen sich auf die lebenden Erdenbewohner. Wenn bei euch operiert wird, dann operieren wir hier gleichzeitig geistig im Astralkörper oder wir führen gelegentlich auch die Hände der Chirurgen oder geben ihnen Gedanken ein, wie sie es zu machen haben.

Das alles ist natürlich nur dann möglich, wenn im Schicksalsplan des Betreffenden vorgesehen ist, daß ihm geholfen werden soll.

Fr.: ***Wie geht es im Normalfall mit einer Seele, die bei Euch angekommen ist, weiter ?***

Aw.: Die Seele freut sich zunächst sehr über die anwesenden Verwandten, Freunde oder Bekannten. Es ist echte Freude. Und diese Leute sind dann sehr bemüht, dem Ankömmling durch liebevolle Behandlung den Abschied von der Erde zu erleichtern und die Erinnerung an den ganzen Sterbevorgang abzuschwächen. Das ist sehr wesentlich.

Dadurch, daß die Jenseitigen sich ganz bewußt bemühen, im Ankömmling Freude zu erzeugen, merkt dieser nicht so sehr, daß er sein irdisches Leben verloren hat und seine Erinnerung an dieses vergangene Leben ist nicht mehr so schmerzlich.

Es soll nach dem Übergang von der Erde ins Jenseits in der Seele des Verstorbenen ein Gefühl der Freude entstehen. Meist ist es zunächst eine Wiedersehensfreude mit geliebten Vorangegangenen. Das erleichtert den Übergang im nachhinein. Aber erst, wenn dieser Schritt getan ist. Die Seele wird dann mit diesem Freudegefühl woanders hingebracht. Dabei wird sie manchmal, aber nicht immer, von den Verwandten begleitet, je nachdem, was für die angekommene Seele bestimmt ist.

Viele wollen sich zuerst einmal ausruhen. Sie legen sich mit ihrem Gefühl der Wiedersehensfreude hin und schlafen so, wie man nach einer langen Reise ermüdet angenehm schläft. Dazu wird ihnen ein Bett, ähnlich einem Himmelbett, zugewiesen mit einem Schleier, der sie zudeckt, sodaß sie sich abgeschlossen fühlen und angenehmer ruhen. Sie werden aber nicht alleingelassen. Wie lange sie schlafen, hängt vom Grad der Erschöpfung ihrer Lebensenergie ab.

Wenn jemand durch intensive Tätigkeit auf Erden seelisch müde geworden ist, kann er sich zunächst auf diese Weise ausruhen. Dadurch erholt sich die Seele und tankt neue Energie. Die Seele wird dabei von einem ihr zugeteilten Wächter, der sie liebevoll behandelt, betreut.

Ist die Seele wieder energiegeladen aufgewacht, wird sie von den Wächtern behutsam in Empfang genommen und zwar mit sehr viel Liebe, damit keine Ängste entstehen. Dann gibt es verschiedene Möglichkeiten. Manche Seelen sind tatendurstig und wollen sofort wieder etwas tun. Sie fragen, ob sie wieder auf die Erde können oder hier eine Aufgabe übernehmen dürfen. Sie werden dann über die bestehenden Vorschriften belehrt - es gibt auch bei uns Vorschriften - oder entsprechend angewiesen.

Es gibt höhere geistige Instanzen, welche um den Weg jeder Seele Bescheid wissen. Die Seele wird dann entsprechend geleitet und es wird ihr klar, was sie tun soll oder muß. Es gibt dann wieder verschiedene Möglichkeiten. Die einen sollen, aber wollen nicht, andere wieder sind übereifrig, weil sie so erfrischt, aktiv, tatkräftig und fit sind, daß sie unbedingt etwas tun möchten. Diejenigen Seelen, welche sollen, aber nicht wollen, werden mit Konsequenz, nicht mit Strenge und auch nicht irgendwie negativ, aber konsequent auf ihre Aufgabe hingewiesen und es wird ihnen klar, daß sie diese Aufgabe erfüllen können.

Sobald diese Seelen sich ihrer inneren Stärke bewußt sind, übernehmen sie ihre Aufgabe. Es ist keine suggestive Beeinflussung. Die Aufgabe wird den Seelen so begründet, daß sie diese als ihre innere Aufgabe erkennen und wissen, daß sie das Verlangte auch tun können.

Auf Grund dieser Erkenntnis wollen diese Seelen das dann auch tun und haben die innere Überzeugung, daß sie das eigentlich immer schon tun wollten, weil es hinsichtlich ihrer Entwicklung zu ihrem eigenen Vorteil ist.

Es ist der schönste Lohn für die Bemühungen der geistigen Helfer, wenn sie feststellen können, daß die betreffende Seele jetzt aus eigenem Antrieb und aus innerster Überzeugung das für sie Vorgesehene tun will und sich dafür einsetzt. Dabei handelt es sich um im weitesten Sinne helfende Tätigkeiten, die harmonisierende, zum Positiven ausgerichtete Energien aussenden, die auf jenseitigen und irdischen Ebenen zum tragen kommen.

Sobald die Seele das vorgegebene Ziel erreicht hat, kommt die nächste Stufe. Das Ganze ist eine geistig-moralische Entwicklung. Es gibt hier sehr viele Entwicklungsstufen, Dimensionen gleich. Die Wesenheiten der oberen Stufen können bis zu einem bestimmten Grade zu den unteren Stufen hinuntersteigen, aber normalerweise nicht umgekehrt.

Es gibt auch Ausnahmen. Wer höhersteigen will, muß seine vorherige Aufgabe gut ausgeführt haben.

Fr.: ***Mußt Du selbst ziemlich weit heruntersteigen, um zu uns Kontakt zu haben ?***

Aw.: Ich tue das gerne und freiwillig, weil in mir der Drang ist, zu helfen, wobei meine Spezialität die Medizin ist.

Ich versuche auch, was ich in meinem Erdenleben nicht konnte, meiner Tochter bei ihrer Berufsausübung zu helfen, soweit dies möglich und erlaubt ist. Aber ich helfe auch ihrer Mutter und anderen Menschen, denen ich zugeführt werde und bei denen ich meine Hilfe realisieren kann. Dazu habe ich die erforderliche Energie zugeteilt bekommen. In meinem Erdenleben konnte ich nicht soviel Energie umsetzen und Ideen verwirklichen wie jetzt

Fr.: ***Zur Erfüllung Deiner Aufgaben wurde Dir ein Gremium von Fachleuten zugeteilt. Weißt Du, wer diese Leute sind ? Sind es Deine früheren Geistführer oder Freunde und Bekannte ?***

Aw.: Das weiß man nicht genau. Es sind höhere Instanzen, die diese Gremien bilden.

Es ist ähnlich, wie bei einem Gericht, dessen Schöffen, Geschworene oder Beisitzer man auch nicht genau kennt. Am besten ist es vielleicht so zu verstehen, daß man dieses Gremium als ein eigenes geistiges Wesen betrachtet, das selbst wieder aus verschiedenen Spezialwesen zusammengesetzt ist und dessen Zusammensetzung für jeden Fall separat geregelt wird. Es ist, wie wenn Fachleute aus den entsprechenden, verschiedenen Gebieten zusammenkommen, jeder seine Beurteilung aus der Sicht seines Fachwissens abgibt und daraus eine Gesamtbeurteilung gebildet wird.

Infolge der engen geistigen Zusammengehörigkeit dieser Fachleute wirkt dieses Gremium wie eine auf den zu beurteilenden Fall zugeschnittene Einheit. Oder anders ausgedrückt, wenn ein solches Gremium-Wesen aus 12 verschiedenen In-sich-Wesen zusammengesetzt gedacht wird, dann sind das 12 verschiedene Kräfte und jede dieser Kräfte weiß über das von ihr vertretene Gebiet am besten Bescheid. Daher entspräche eine Entscheidung dieses Gremiums in diesem Falle dem optimalen Beschluß einer Gruppe von 12 verschiedenen Fachleuten oder Wissenschaftlern.

Es gibt auch einen Vorsitzenden, der über alles noch umfassender Bescheid weiß und meist aus einer noch höheren Ebene kommt als die Anderen. Immer kommt es auf die Verfassung der Seele oder der Seelen an, die Gegenstand der Beratung sind, und was für sie vorgesehen ist. Entsprechend dieser Seelensituation wechselt jeweils das Gremium und, unabhängig davon, auch der Vorsitzende. Es ist ein recht ernster Rat.

Die betroffene Seele weiß in ihrem Bewußtsein nicht immer, worum es sich dreht. Aber es wird immer zu ihrem Besten beschlossen. Manchmal ist die Seele völlig irritiert, weil sie nichts versteht. Und es wird ihr dann einfach klargemacht, was zu tun ist.

Fr.: ***Gibt es bei Euch im Jenseits ein Familienleben, ähnlich dem auf der Erde ?***

Aw.: So ein Familienleben gibt es hier nicht. Es kann aber eine Familie durchaus einmal zusammensitzen und auch ein gemeinsames Essen haben. Man trifft sich, wenn man will, und Familienmitglieder, die sich gegenseitig sehr nahe stehen, können das jederzeit arrangieren. Sie müssen aber nicht immer zusammenleben, wie es auf der Erde zwangsläufig der Fall ist.

Viele wollen das aber und suchen den ständigen Kontakt, weil dieser ihnen auch auf der Erde gut getan hat. Der Hauptunterschied liegt darin, daß die Seelen es hier tun können, wenn sie es wollen, während das familiäre Zusammenleben auf der Erde in der Regel durch die Lebensumstände erzwungen wird. Hier machen sie das nur, wenn und solange sie sich dabei wohlfühlen.

Fr.: ***Wie wirkt es sich im Jenseits aus, wenn jemand auf der Erde mehrere Partner gehabt hat, wie etwa ein Moslim mit 4 Frauen oder eine mehrmals wiederverheiratete Witwe ?***

Aw.: Bei uns im Jenseits zählt nur die Herzensbindung. Wenn es auf der Erde z.B. nur eine sexuelle Bindung war, zählt das hier in der körperlosen Welt überhaupt nicht.

Das Zusammenleben bei uns wird nur durch die geistig-seelische Beziehung bestimmt. Wenn man sich also einfach freut, mit jemandem zusammen sein zu können, dann kann man das hier auch tun.

Es gibt auch eine Art körperlicher Verbindung, aber anders als auf der Erde. Es spielt sich alles auf der Ebene der geistigen Liebe ab. Ein körperliches Lustgefühl ist nicht mehr vorhanden, weil ja kein Körper mehr da ist. Wohl aber gibt es ein Verschmelzen der Astralkörper als Vereinigung in Liebe ähnlich einer innigen Umarmung. Mit dem irdischen Sexualakt oder jeglicher Art körperlicher Lust ist es nicht vergleichbar. Es ist eine rein geistige Liebe. Diese beinhaltet hier alles, was man will, und das Körperliche ist so völlig überflüssig.

Wenn die irdisch-körperliche Vereinigung mit reiner, seelisch-geistiger Liebe verbunden war, bleibt diese Liebe auch im Jenseits bestehen. Hier wird der Energieaustausch durch die Verschmelzung der Astralkörper als wunderschöner Höhepunkt der gegenseitigen Liebe empfunden, gewünscht und auch praktiziert. Es gibt natürlich keine Zeugung und keine Geburten.

Fr.: ***Wie geht es Kindern im Jenseits, welche auf Erden gar nicht lebend zur Welt kommen konnten oder als Baby gestorben sind ?***

Aw.: Es gibt bei uns eigene Helferwesen, die mit der Betreuung dieser Kinder beauftragt sind. Wenn diese als Embryo hieher zurückkommen, werden sie noch ganz von ihrem Schutzgeist getragen und formen und entwickeln sich bis zur Geburtsreife.

Nach diesem Stadium kommen sie in die Obhut von anderen Geistwesen, die sie entsprechend ihrer Entwicklung betreuen. Wenn sie älter sind, kommen sie in einen Kindergarten, spielen dort und werden überwacht und belehrt.

Sie kommen dann auch in eine Art Schule, sitzen dort aber nicht in Bänken wie auf der Erde. Der Unterricht geht so nebenbei, spielerisch vor sich. Es geht auch nicht darum, daß die Kinder Wissen erlangen wie auf der Erde, sondern ihr Bewußtsein wird entwickelt. Schulung und Entwicklung des Bewußtseins durch die Erzieher oder Betreuer gehen automatisch, Hand in Hand, vor sich. Die Kinder verstehen alles sofort, was ihnen auf diese Weise geistig-bildhaft übermittelt wird. Schulbücher, Hefte u.ä. gibt es hier nicht, wohl aber immaterielle Spielsachen, wie z.B. Baukästen, Eisenbahnen und Bilderbücher, weil die Kinder Spaß und Freude daran haben, ähnlich wie auf der Erde.

Die Kinder können auch mit Tieren spielen, indem sie sich diese vorstellen. Das muß aus ihnen selbst kommen, es wird ihnen nicht angeboten.

Es kommt vieles aus den Kindern selbst, was sie gedanklich-bildlich produzieren, und es wird ihnen auf diesem Gebiet vieles überlassen, aber man nimmt Rücksicht auf ihren Entwicklungsstand, überwacht sie in positivem Sinne, lenkt und führt sie.

Sobald aus den Kindern Jugendliche geworden sind, kommt ein Zeitpunkt, an dem die Frage auftaucht, ob sie wieder inkarnieren wollen. Diese Entscheidung tritt an sie heran, wenn sie nach irdischem Zeitmaß etwa 18-20 Jahre alt geworden sind. Es ist wie eine Prüfung, die ihnen auferlegt wird. Viele stimmt es nachdenklich, viele wollen nicht inkarnieren.

Einer hochentwickelten Seele, die im Jenseits als Lehrer eingesetzt werden kann, wird der Wunsch, im Jenseits zu bleiben, gewährt. Es muß sich dabei um eine höher entwickelte Seele handeln, die ernsthaft bereit ist, Bildungsaufgaben zu übernehmen.

Wenn das nicht der Fall ist, merkt sie selbst, daß sie im Jenseits nicht weiterkommen kann und ihre weitere Entwicklung auf der Erde suchen muß. Das gefällt den Seelen nicht unbedingt, weil das Erdenleben mit Strapazen verbunden ist. Aber sie wissen zugleich in ihrem Innersten, daß es für sie keinen anderen Weg gibt, weil sie im Jenseits in einer Art Sackgasse stecken und ihre Weiterentwicklung nur auf der Erde stattfinden kann.

Es gibt im Jenseits kein solches Erwachsenwerden wie auf der Erde, sondern man kommt einfach an einen Punkt, von wo es nicht mehr weitergeht. Und das belastet. Aber es ist kein Cyclus, wie auf der Erde: Schule, Beruf usw., sondern es ist einfach eine innere Triebkraft vorhanden, in der Bewußtseinsentwicklung weiterzukommen und das wollen diese Seelen. Die Erkenntnis, hier nicht mehr weiterzukommen, die in den erwachsen gewordenen Seelen zu rumoren beginnt, zwingt sie, sich für eine Wiedergeburt zu entscheiden. Es ist kein Wunsch nach einem Dolce Vita, obwohl es auch das theoretisch gibt, sondern der Drang nach mehr Erkenntnis und höherer Entwicklung steht im Vordergrund.

Sind es aber bereits weiterentwickelte, ernste und reife Seelen mit viel Erfahrung, die höhere Lehrpositionen bekleiden können, dann dürfen sie vorerst im Jenseits bleiben.

Hier müssen sie keine Strapazen, ähnlich den irdischen, durchmachen, werden aber von noch Höheren weiter belehrt, um ihre Lehrtätigkeit perfekt ausüben zu können. Zu diesem Zweck werden sie immer auf dem Laufenden gehalten und weiter fortgebildet.

Aber auch für diese kommt ein Punkt, wo sie nicht mehr weiter belehrt werden können und wo weder an sie noch von ihnen an andere etwas vermittelt werden kann, weil ihr Bewußtsein begrenzt ist. Sie wissen dann, daß für sie eine Weiterentwicklung auf der Erde erneut möglich ist und wollen wieder inkarnieren. Es geht alles um die Bewußtseinsentwicklung, welche die Triebfeder für solche Entscheidungen ist.

Auch höhere Wesen nehmen es auf sich und zwar in umso größeren Abständen, je höher sie entwickelt sind, auf der Erde wieder eine Art Reinigungs-, Verbesserungs- oder Höherentwicklungskur mitzumachen, obwohl sie das infolge ihres schon ohnehin hohen Entwicklungsstandes nicht müßten.

Sie wählen dann meist besonders schwierige Lebensverhältnisse oder bescheidene Tätigkeiten in dienenden und vor allem helfenden Funktionen, verzichten auf Belohnung und Anerkennung und auf die verschiedenen Freuden des Lebens, um sich völlig der Hingabe für die Mitmenschen im Sinne der Nächstenliebe zu widmen.

Dabei begeben sie sich oft unter die Niedrigsten der Niederen, sodaß niemand ihre hohe Entwicklungsstufe ohne weiteres erkennen kann. Damit nehmen sie auch Unverständnis, Verachtung, Demütigungen und Verfolgungen auf sich und wissen schon vorher, daß ihnen das bevorsteht. Aber weil sie die Tugend der Demut bereits in sich verinnerlicht haben, sind sie imstande, alle diese, manchmal qualvollen Erlebnisse bewußt zu ertragen.

Sie werden dadurch noch reiner und vollkommener, um im Jenseits entweder in höhere Sphären aufzusteigen oder in ihrer jenseitigen Situation noch bessere und hilfreichere Taten zu vollbringen.

Es bedarf eben der ständigen Bemühung, um nicht zurückzufallen, sondern das Erreichte zu bewahren und nach Möglichkeit weiter zu verbessern. Es gilt auch hier die alte Erfahrung: "*Wer rastet, rostet !*"

Fr.: ***Kann jemand im Jenseits auch einen Entwicklungsstand erreichen, den er auf Erden nicht mehr verbessern könnte ?***

Aw.: Ja, dann kommt er auf andere Planeten oder in andere geistige Ebenen. Dazu muß er aber zuerst das Bewußtsein des neuen Planeten oder der neuen geistigen Ebene annehmen und vergißt dadurch das Bisherige. Und in der weiteren Folge ergeben sich immer wieder neue Möglichkeiten der Entwicklung, auch auf anderen Planeten, die der weiterentwickelten Situation der betreffenden Persönlichkeit entsprechen.

Auch der umgekehrte Weg ist möglich, nämlich daß eine Seele durch eine niedrigere Stufe gehen oder diese wiederholen muß, weil sie durch ihr negatives Verhalten dies verursacht hat, so wie ein Schüler, der dem Lehrplan einer bestimmten Schulstufe nicht gewachsen ist oder sich nicht bemüht, zurückversetzt werden kann oder diese Schulstufe wiederholen muß.

Auch im irdischen Leben der Erwachsenen sind immer wieder Rückschläge möglich und kommen auch ständig vor, wenn man nicht ohne Unterlaß auf Bewahrung und Verbesserung des Erreichten bedacht ist. Das ist im sogenannten Jenseits nicht viel anders als auf der Erde.

Manche Seelen ziehen gelegentlich das Negative vor, weil es augenblicklich vorteilhafter und angenehmer scheint, sinken dadurch in ihrer seelischen Entwicklung zurück und müssen sich dann wieder mühevoll hocharbeiten. In diesen Bemühungen können dann entsprechend größere körperliche und seelische Schmerzen enthalten sein.

Ganz tief ins Negative gefallenen Seelen kann in diesem Zustand so lange nicht geholfen werden, bis sie nach längerer, peinvoller Zeit wieder selbst so hoch kommen, daß es erlaubt und möglich ist, ihnen zu helfen.

Die Spirale der Entwicklung der menschlichen Seele weist eben viele Niederungen und Höhen, Umwege aber auch Abkürzungen auf. Nicht der eigene, materielle Vorteil, das angenehme, vergnügliche Leben, sondern Pflichtbewußtsein, Selbstdisziplin und innere Verantwortung helfen, den richtigen Weg zu finden und zu gehen.

Fr.: ***Stehen für eine Weiterentwicklung außer dieser Erde noch viele andere Planeten zur Verfügung ?***

Aw.: Es sind alle Planeten *"bewohnt"* und durchgeistigt. Sie sind spezielle Geistesebenen an sich. Die Sonnen und Fixsterne sind Zentren, welche entsprechende Energien in sich bergen. Man kann nicht sagen *"belebt"* im irdischen Sinne. Es sind geistige Energien, die sich mit entsprechenden anderen Energien verbinden können, sie anziehen und dadurch kreativ wirken.

Ab er es gibt auch Planeten, auf denen Wesen mit Körpern, ähnlich, wie ihr sie euch vorstellt, leben. Wir selbst sehen uns gegenseitig als Wesen mit einem Astralkörper, der dem menschlichen Körper äußerlich sehr ähnlich ist, aber nicht altert und durch unsere eigene Vorstellungskraft modifiziert werden kann.

Diese Körper werden im Zuge einer entsprechenden Weiterentwicklung als reine Schwingungen wahrgenommen, die entsprechend unserer eigenen Vorstellung verschiedene Formen und Farben annehmen können. Dabei strahlen die Farben umso heller, je höher das betreffende Wesen in seiner Entwicklung ist.

Ein hohes Geistwesen verbreitet durch seine persönliche Ausstrahlung allein schon eine angenehme, wohltuende, freudige Athmosphäre und die ganze Umgebung fühlt sich erfrischt und gestärkt, weil eben so positive Energien von diesem Wesen ausgehen.

Fr.: ***Gibt es bei Euch im Jenseits eine weiße Bruderschaft und welche Aufgaben hat sie ?***

Aw.: Ja, die gibt es. Die Mitglieder sind hochstehende Geistwesen und tragen eine weiße Rose auf der Brust. Sie haben göttliche Weisheit und sind sich dessen auch bewußt. Dieses Wissen hat nicht jeder Jenseitige. Sie bewahren es entsprechend und geben es nur an hochentwickelte und für würdig befundene Seelen weiter.

Es sind Lehrer für aufsteigende Seelen, die dieses Wissens würdig sind. Es gibt auch Inkarnierte aus dieser Bruderschaft, denen ihre Zugehörigkeit zu dieser hohen Gruppe im Unterbewußtsein bekannt ist. Sie haben den Auftrag, unter den Menschen positiv-belehrend zu wirken.

Die geistigen Wesen und besonders hoch entwickelte Medien erkennen die Zugehörigkeit zur weißen Bruderschaft an der weißen Rose auf der Brust. Auch der normale Erdenmensch kann diese Wesen unbewußt an der Empfindung eines Lichtaustausches erkennen. Sie erfassen die Seele in ihrer Lichtgestalt, aber unbewußt. In tiefer, medialer Entspannung kann das auch bewußt gemacht werden.

So wäre es möglich, über ein gutes Medium die Mitgliedschaft zur weißen Bruderschaft zu erkennen, wenn das von dieser Bruderschaft erlaubt wird. Das kommt eher selten vor, weil Neugier für die geistige Höhe dieser Vereinigung zu niedrig angesiedelt ist und deshalb als Motivation nicht ausreicht.

Die weiße Bruderschaft ist eine Organisation mit entsprechender Hierarchie und einem Oberhaupt. Um das Oberhaupt scharen sich 12 Weise, denen wieder Gruppen untergeordnet sind. Die Mitglieder dieser Gruppen sind hierarchisch gestaffelte Lehrer, die entsprechend der Entwicklungsstufe der zu belehrenden Seelen eingesetzt werden.

Die Aufgaben sind genau eingeteilt. Wenn für jemanden Hilfe oder Anleitung vorgesehen ist, wird das getan, ohne daß darum besonders gebeten werden muß. Sie können sehen, was vor sich geht und sie lassen dann die entsprechenden Intuitionen und Kraftströme automatisch einfließen.

Diese Geistwesen haben auch Namen, aber es ist nicht notwendig, daß ihr sie kennt, weil sie von sich aus wirken und nicht angerufen werden müssen. Die erforderlichen Hilfen sind im Jenseits schon von vorneherein festgelegt und wem es zusteht, der wird entsprechend belehrt und positiv beeinflußt.

Fr.: ***Wir beten aber auch zu Erzengeln, die Namen haben ?***

Aw.: Die Erzengel sind höchste Kraftwesen und ihre Namen drücken ihre Kraftfrequenz aus. Die Namen selbst haben eine Kraft und es ist sinnvoll, sie anzurufen. Die Namen, auch die irdischen, haben eine Eigenschwingung und dadurch ein eigenes Kraftpotential. Diese intuitive Erkenntnis hat auch zu dem Sprichwort geführt: *"Nomen est omen"* (Der Name hat eine Vorbedeutung).

Nur habt ihr auf der Erde oft Namen, die gar nicht zu eurem Schwingungspotential passen. Ein solcher Name kann dann wie ein Stein an einem hängen. Es ist individuell verschieden, aber es ist eher selten, daß der irdische Name zu jemandem ganz paßt. Bei der Namensgebung sollten die Eltern sich vorstellen, welche positiven Eigenschaften das Kind haben sollte, und die Vornamen entsprechen auswählen. Das kann für das Kind sehr hilfreich sein.

REINKARNATION

Fr.: ***Gibt es die Reinkarnation und kann man oder muß man auf diese Erde zurückkommen ?***

Aw.: Ja, es gibt die Reinkarnation. Nach einiger Zeit entsteht in der Seele eines Verstorbenen meistens der Drang, wieder auf die Erde zurückkehren, um die erkannte und auf ihr lastende Schuld zu tilgen, verursachte Schäden wieder möglichst gut zu machen, oder auch, um sich weiter zu entwickeln.

Eine Ausübung von Zwang, wie auf der Erde, gibt es bei uns nicht. Viele wollen nicht mehr auf die Erde zurückkehren, weil sie die mit dem Erdenleben verbundenen Strapazen scheuen.

Wenn es sich dabei um eine bereits höher entwickelte Persönlichkeit handelt, die man bei uns im sogenannten Jenseits als Lehrer einsetzen kann und die bereit ist, auf diesem Gebiet tätig zu sein, dann wird das meistens akzeptiert. Es müssen aber sehr reife Seelen mit großer Erfahrung sein.

Die anderen merken, daß sie hier nach einer gewissen Zeit nicht mehr weiterkommen können und ihre Weiterentwicklung auf der Erde suchen müssen. Die meisten sind darüber nicht erfreut. Aber sie wissen in ihrem Innersten, daß es für sie keinen anderen Weg gibt. Sie spüren ein starkes, fundamentales, inneres Bedürfnis, eine Sehnsucht nach höherer Erkenntnis und wollen sich seelisch-charakterlich weiterentwickeln. So entsteht der Wunsch, wieder auf die Erde zu inkarnieren

Fr.: ***Wenn man bei Euch im Jenseits die Notwendigkeit einer Reinkarnation erkannt hat, kann man dann das kommende Schicksal und seine zukünftigen Eltern aussuchen ?***

Aw.: Der Seele wird zunächst von höheren Geistwesen

das vergangene Leben vor Augen geführt und es wird besprochen, was bessergemacht werden kann.

Man weiß, daß man karmische Belastungen auf Erden rascher abtragen kann als in der geistigen Welt. Es wird kein Zwang oder Druck ausgeübt, wo man das machen möchte. Die Seele sieht im Zusammenhang mit dieser Belehrung ein, daß sie wieder inkarnieren muß und es entwickelt sich bei ihr der Wille zur Reinkarnation, weil die Entwicklung auf der Erde schneller vor sich geht.

Dann bittet die Seele, in eine Familie zu kommen, wo es ihr möglich ist, die zu übernehmenden Aufgaben am besten erfüllen zu können. Das klappt nicht immer wunschgemäß und die Seele kann von Glück sagen, wenn sie ihre sich vorgenommenen Aufgaben zur Gänze erfüllen kann, denn es kommen sehr viele Eigenentscheidungen anderer Lebender und das ganze Umfeld dazu. Die Seele hat darüber vorher keinen vollständigen Überblick und deshalb helfen geistige Führungskräfte mit, das Passendste auszusuchen, und die Seele vertraut diesen Führern.

Es ergibt sich auch eine gegenseitige Anziehungskraft zwischen der Seele und der künftigen Mutter oder den künftigen Eltern, wenn die energetische Ausstrahlung der Seele, die auch mit ihrer kommenden Aufgabe zusammenhängt, mit der Ausstrahlung der vorgesehenen Eltern, Geschwister und der anderen Verwandten möglichst gut übereinstimmt.

Wenn sich z.B. ein Paar ein Kind wünscht oder eines bekommen soll, dann zieht es durch seine Frequenz eine Seele, die inkarnieren will und eine dazupassende Schwingung aufweist, an. Das Problem ist natürlich vielschichtig. Wenn z.B. in einer Familie plötzlich ein Außenseiter oder ein sogenanntes schwarzes Schaf auftaucht, kann das verschiedene Gründe haben.

Die inkarnierende Seele braucht vielleicht wegen der Zusammenhänge in einem früheren Leben eine Kontaktperson aus dieser Familie oder will oder muß ihr aus irgendwelchen Gründen, vielleicht auch in Verbindung mit der übernommenen Aufgabe, nahe sein. Dabei können diese Seelen in einem früheren Leben miteinander verwandt, befreundet oder auf andere Art miteinander verbunden gewesen sein.

Weil sich auch Gegenfrequenzen anziehen können, ist ebenso eine ehemalige Feindschaft möglich, besonders, wenn die beiden noch etwas miteinander abzumachen oder etwas gutzumachen haben. Wenn z.B. Todfeinde sterben, nagt das in ihrer Seele. Sie müssen dann bei der nächsten Gelegenheit diesem inneren Ziehen nachgeben und treffen wieder zusammen, bis die Unebenheiten geglättet sind.

Fr.: Kann man etwas tun, um eine Reinkarnation auf die Erde zu vermeiden ?

Aw.: Die meisten wollen eine Wiedergeburt auf die Erde gar nicht vermeiden. Sie sind froh, wenn sie wieder auf die Erde kommen können, weil sie ihre Entwicklung auf der Erde eben beschleunigen können.

Die Seelen sind, sobald sie die Notwendigkeit ihrer Reinkarnation erkannt haben, eher traurig, wenn keine passende Gelegenheit dazu vorhanden ist. Das kommt in vielen Fällen vor und die betreffenden Seelen müssen dann auf eine solche Gelegenheit oft lange warten.

Die buddhistische Meinung, daß es einen besonderen Höhepunkt bedeutet, wenn man nicht mehr auf die Erde inkarnieren muß, ist richtig. Der Ausdruck *"muß"* ist in diesem Zusammenhang aber nicht ganz zutreffend. Man will inkarnieren. Wenn man dann durch die Inkarnationen so viel gelernt und eine entsprechend hohe Stufe erreicht hat, ist der Wunsch, auf die Erde zu reinkarnieren, nicht mehr da und man kann auf andere Planeten, in andere Sphären oder Frequenzen kommen, hat dann dort andere Aufgaben zu erfüllen und macht auf diese Weise weitere Entwicklungszyklen durch. Die Seele nimmt in diesen Fällen das Bewußtsein der entsprechenden Sphäre an, ähnlich einer Umschulung, und die Erdenleben werden vergessen, sind jedoch im Seelen-Unterbewußtsein gespeichert.

Fr.: ***Sind auf diese Weise alle Planeten bewohnt ?***

Aw.: Ja, alle. Diese Bewohner sollte man sich aber nicht als kleine, grüne Männchen vorstellen. Die Planeten selbst sind geistig beseelt und die Sonnen sind Energieträger, welche geistige Energiewesen in sich bergen.

Letztlich kann man sich alle Seelen und Geistwesen ebenso, wie die Materie als Energiefelder vorstellen, die gewissen geistigen Naturgesetzen unterliegen und bestimmten Aufgaben dienen. Es handelt sich daher bei den meisten Planeten um ein geistiges, nicht aber körperlich-materielles Leben im irdischen Sinne. Diese geistigen Energiefelder können sich bewegen, sich miteinander verbinden und Aktivitäten setzen.

Es gibt auch Planeten, auf denen Wesen mit Körpern leben, ähnlich, wie sie sich die Menschen vorstellen.

Fr.: ***Ist ein bestimmter Zeitraum vorgesehen, der zwischen den verschiedenen Inkarnationen liegen muß ?***

Aw.: Nicht im Sinne der irdischen Zeitrechnung. Es gibt einen Zeitraum von 12 Cyklen oder Perioden. Nach dem Ablauf einer jeden dieser Perioden steht die Seele wieder vor einer Entscheidung über eine weitere Inkarnation.

Die Seele weiß bereits in ihrem tiefsten Inneren, wie sie sich zu entscheiden hat.

Dabei gibt es verschiedene Möglichkeiten, z.B. eine Reinkarnation auf die Erde oder als ein anderes Wesen auf einen anderen Himmelskörper oder umgekehrt, falls die Seele von einem anderen Himmelskörper kommt.

Es ist ein äußerst komplexes System, in welchem nicht nur eine ständige Höherentwicklung der Seele, sondern auch eine Verfeinerung gewonnener Erkenntnisse und Festigung erreichter Entwicklungsstufen enthalten ist. Das ganze System atmet und lebt so vielfältig, daß man es sich nicht zur Gänze vorstellen kann.

Mit der menschlichen Ansicht von Karma-Abtragen durch Wiedergeburt und ähnlichen Vorstellungen läßt sich nur ein winziger Bruchteil dieser Vorgänge erfassen, welche selbst ebenfalls nur einen kleinenTeil der unendlich vielen Facetten und Erscheinungformen des Lebens bedeuten.

Das gesamte Leben in seiner Vielfalt liegt weit über dem menschlichen Vorstellungsvermögen, denn hier geht es nicht nur um das menschliche Leben allein, sondern um die Summe aller energetischen Vorgänge im All, die eben unendlich ist und von der jedes Detail Leben bedeutet. Dabei kann jede Erscheinungsform des Lebens wieder eine andere hervorbringen, woraus sich ein ewiges Gebären, Entstehen und Vergehen als Veränderung von Formen und Inhalten, geistig und körperlich, ergibt.

Fr.: ***Sind Personen, die in jüngster Vergangenheit viel unschuldiges Blut vergossen und Unrecht begangen haben, wie z.B. Hitler, Stalin und andere, schon wieder inkarniert oder was machen sie jetzt ?***

Aw.: Hitler hat seine Fehler erkannt, leidet sehr unter dem Unglück, das er verursacht und dem Unrecht, das er anderen angetan hat. Er wird ebenso, wie Stalin und andere, die eine autoritäre Gewaltherrschaft geführt haben, streng umgeschult. Ihre Kraft wird in Lernenergie umgepolt. Das gefällt den meisten von ihnen zwar nicht, aber es ist so.

Solche Menschen befinden sich bei uns in besonderen Schulungsebenen, wo sehr strenge Gesetze herrschen, die nicht angenehmer Art sind. Diese Ebenen sind wie von einer Mauer umgeben und mir wird empfohlen, mich lieber nicht dafür zu interessieren, was hinter dieser Mauer vor sich geht. Es ist nicht gut für Außenstehende, mit diesen unangenehmen, aber enorm starken Schwingungen in Berührung zu kommen.

Weitere Fragen in diesem Zusammenhang darf ich nicht beantworten, was mir leid tut, aber es wird mir von oben bedeutet, daß ich dazu nicht befugt bin.

Fr.: ***Den Leuten werden häufig Rückführungen in frühere Leben angeboten. Sind das dann echte Rückerinnerungen an frühere Leben ?***

Aw.: Ja. Aber es wird in unserer geistigen Welt nicht gerne gesehen, daß Rückführungen gemacht werden. In manchen Fällen wird die betreffende Seele sogar daran gehindert, daß so etwas mir ihr passiert. Es ist für die Seele nicht von Vorteil und kann ihr sogar Schaden zufügen. Darum wird das manchmal, wenn wir eine besondere Gefahr für die betreffende Person darin sehen, von hier aus verhindert.

Man sollte generell keine Rückführungen machen, weil es das natürliche und notwendige Vergessen stört. Es sind mir viele Fälle bekannt, in denen die von den Betreffenden gewünschte Rückführung schädliche Folgen hatte. Die Seele wurde durch die künstlich herbeigeführte Erinnerung verletzt, denn die erneute Konfrontation mit früheren negativen Erlebnissen oder Taten wirkt wie ein ungeheures Trauma.

Man sollte die Seele in diesen Fällen um Entschuldigung bitten. Sie versteht es dann in ihrer Tiefe und braucht vermehrt liebevolle Zuwendung. Wenn sie möchte, wäre auch die Mitarbeit in einer geeigneten Gruppe, die sich mit ihr verständnisvoll befaßt, heilsam und die Seele könnte sich besser von ihrem unterbewußten Schock erholen. Diese Heilung und Erholung geschieht ebenfalls im Unterbewußtsein.

Uns Jenseitigen ist eine Behandlung der unguterweise aus der Versenkung durch die Rückführung hervorgeholten Probleme, nicht erlaubt.

Fr.: ***Ist es für ein irdisches Hellsehmedium möglich, mit einem bestimmten Verstorbenen in medialen Kontakt zu treten, wenn der Betreffende bereits wieder inkarniert ist ?***

Aw.: Das ist nicht unmöglich. Das Medium erkennt dann, daß der Gesuchte wieder auf der Erde lebt. Ist der Inkarnierte selbst medial begabt, kann er wahrnehmen, daß er gesucht wird, und kann telepathisch mitteilen, daß er wieder auf Erden lebt und manchmal sogar, wer er jetzt ist.

Auch Jenseitige, welche diese Suche wahrnehmen, können medial Auskunft über den Verbleib des Gesuchten geben, sofern es ihnen erlaubt ist.

Wenn ein Medium erfahren möchte, unter welchem Namen und unter welcher Adresse er jetzt auf Erden lebt, muß es gezielt in Gedanken nach dem Betreffenden rufen und sich ganz auf ihn konzentrieren. Natürlich hängt der Erfolg auch vom Gesuchten ab. Wenn er nicht die notwendigen Antennen hat, das Rufen zu hören, ist er meist nicht auffindbar.

Oft ist eine reinkarnierte Seele aus irgendeinem Grunde mit Vergessen behaftet und weiß nicht mehr, wer sie vorher war, und ist jetzt in ihrer neuen Körperlichkeit abgeschlossen. Das ist eine zusätzliche Schwierigkeit. Aber grundsätzlich ist es möglich, daß eine medial begabte Person, auch wenn sie noch oder wieder auf Erden lebt, telepathisch mit einer anderen ebenfalls medial begabten Person, z.B. mit einem Hellsehmedium, bei einer entsprechenden Gleichschaltung der Schwingungsebenen, wie es im Entspannungszustand möglich ist, Kontakt erhält.

KARMA

Fr.: ***Welchen Ursprung und welchen Zweck hat das Karmagesetz, besser bekannt als Schicksal oder Gesetz von Ursache und Wirkung ?***

Aw.: Göttlichkeit bedeutet immer Entwicklung, Expansion. Es sind Ideen, die sich aus Energie formierten. Das ist der tiefste Ursprung, aus der Allgöttlichkeit, die man sich, wenn überhaupt, fließend vorstellen kann.

Es bildeten sich aus dem All Energienester, die sich eigenständig weiterentwickelten, wobei diese Expansion auch Freiraum für Negatives ließ, im Sinne von Verdichtungen, die nicht als rein gut oder böse gewertet werden können. Es sind andere Energieebenen, die wir als niedriger bezeichnen würden, die aber auch Vorteile haben, da sie anderweitige Entwicklungen ermöglichen.

Man sollte daher nicht von Gut oder Böse sprechen, sondern von verschiedenen Entwicklungsmöglichkeiten, die alle ihre Grenzen haben. Man kann erkennen, daß im Einzelfall eine gewisse Strecke einer Entwicklung vorliegt, die nach ihrer Erfüllung in anderer Form wieder zurückgegangen werden muß, um eine andere Richtung einzuschlagen.

Es ist schwierig, diese Vorgänge klar auszudrücken, weil die menschliche Vorstellungskraft beschränkt ist und man auf irdische Vergleiche zurückgreifen muß. Die Entwicklungen an sich gehen in alle Richtungen, sind wertfrei und die damit zusammenhängenden Tätigkeiten und Erlebnisse werden von den Menschen je nachdem, wie angenehm oder unangenehm sie empfunden werden, als gut oder böse bezeichnet, obwohl alle Erlebnisse für die Entwicklung der Seele notwendig sind und daher generell und objektiv nur dem Begriff *"Gut"* zugeordnet werden können.

Die Seele spürt, wenn der Mensch etwas falsch gemacht hat und lernt aus dem Fehler, was wiederum ihrem Fortschritt dient, sodaß es letztendlich doch gut war, diesen Fehler begangen zu haben.

Auf das Karma bezogen, war es auch gar kein Fehler, sondern nur eine Handlung oder Unterlassung, die nicht dorthin führte, wohin der betreffende Mensch wollte. Das aber bringt wieder neue und bessere Erkenntnisse.

Das Urkarma könnte man bildlich mit dem biblischen Sündenfall vergleichen.Das beinhaltet schon die ganze Tragweite des Negativen im Sinne der menschlichen Beurteilung. Es ist die Abkehr vom Positiv-Göttlichen.

Die gesamten Folgefragen ergeben sich dann aus dem Herauslösen aus diesem Positiv-Göttlichen und die Folgen werden in der gesamten Breite und Tragweite dieser Entwicklung sichtbar, ob für die Menschheit, irdisch gesehen, gut oder nicht gut.

Positiv ist dabei nicht entwicklungsgeschichtlich, sondern moralisch im Sinne der Nächstenliebe und Religion als *"Rückbindung"* an das Positiv-Göttliche zu verstehen.

Daraus ergibt sich die Erkenntnis, wieder in diesen Zustand zurückkehren zu müssen, um aus diesem auf Dauer unerträglichen Karmagesetz wieder herauszukommen.

Sobald das gelungen und die Seele wieder in den positiv göttlichen Zustand gelangt ist, tritt ein bewußtes Glücksgefühl ein, das alle Erfahrungen, die gemacht wurden, beinhaltet. Ein Gefühl des Erlöstseins, verbunden mit der Befriedigung, alle Erfahrungen, die möglich waren, gemacht zu haben.

Aber auch dieses Gefühl bleibt nicht statisch erhalten, sondern mündet in die Wunschlosigkeit als Zustand des reinen Wohlgefühls, das mit dem Positiv-Göttlichen verbunden ist und auch das Wissen beinhaltet, dem Negativen der Materie entflohen zu sein.

Die Erfahrungen bringen es mit sich, daß die Seele aus tiefster Überzeugung wieder im Positiv-Göttlichen als

Zustand des absoluten Optimums ruhen will. Dann ist die Seele als individuelles Energiepotential mit nur noch positiven Inhalten energetisch in dieses göttliche Fließen eingebunden mit all seinen Erfahrungswerten, die alles durchweben und durchwirken. Man fühlt sich diesem Energiefluß zugehörig, unabhängig davon, ob einzelne Erscheinungen als Gegenpol auf den oberflächlichen Betrachter einen negativen Eindruck machen könnten.

Wie in der Schöpfungsgeschichte schon die Schlange im Paradies sagte: *"Ihr werdet sein, wie Gott, und wissen, was gut und böse ist."* Denn Gott weiß auch um das Negative. In diesem Sinne werden die eigenen Energien Teil des göttlichen Energieflusses und man fühlt sich deutlicher denn je als Teil dieser göttlichen Kraft, die man ja ist.

Die Seele ist dann durch die zahlreichen positiven und negativen Erfahrungen unendlich vielfältig strukturiert und bringt diese Eigenschaft im Gefühl universeller Kapazität in diesen Zustand ein. Das alles gibt dem menschlichen Karma oder Schicksal den eigentlichen, höheren Sinn.

Diese Entwicklung ist nur dem Menschen gegeben. Es ist die größte Gnade, welche dem Menschen zuteil wurde, wie bereits bekannt: *"Ihr werdet sein, wie Gott"*. Selbst Engelwesen ist das nicht gegeben. Sie sind nur gut und haben nie, wie der Mensch, die Erfahrung machen müssen, vom tiefsten Negativen, wie es auf Erden möglich und üblich ist, bis zu den höchsten Erkenntnissen und Entwicklungsstufen aufzusteigen.

Nur dem Menschen wurde zugebilligt, den Geist Gottes im Sinne einer Höherentwicklung in sich zu tragen, im Gegensatz zu den Pflanzen, Tieren und allem anderen.

Pflanzen und Tiere sind lediglich beseelt und haben neben ihrer eigenen Existenz die Aufgabe, der materiellen und geistigen Entwicklung des Menschen im weitesten

Sinne und damit seinem Karmagesetz zu dienen.

Die Seelen haben sich nicht zur Gänze irgendeinmal aus dem rein Positiv-Göttlichen abgespalten. Deshalb ist es nicht für jede Seele nötig, alle Erfahrungen durchzumachen, welche die Erde oder/und andere Planeten vermitteln können, sondern nur in dem Ausmaß, als diese Abspaltung stattgefunden hat. Das ist im Karma oder Schicksal des einzelnen Menschen durch die entsprechenden Inkarnationen bereits berücksichtigt.

Das Karmagesetz selbst ist göttlichen Ursprungs und schafft die Möglichkeit, aus eigenen Erfahrungen die Erkenntnis zu erlangen, was im ureigentlich Göttlichen vorhanden war, ist und bleibt. Die einzelnen Lebensschicksale sind nur kleine Etappen auf dem Weg zu dieser Erkenntnis.

Die Menschheit ist noch weit vom Ziel entfernt und befindet sich seelisch noch in einem sehr dunklen Bereich.

Fr.: ***Spalten sich immer wieder aufs neue Seelen als Energieteile vom göttlichen Kern ab und müssen deshalb ein menschliches Karma auf sich nehmen?***

Aw.: Man kann sich das so vorstellen, als ob an der geistigen Peripherie des göttlichen Alls ein ständiger Kampf wäre, der sich sozusagen am Rande der göttlichen Urkraft, überall dort, wo es eben möglich ist, aus dem positiven Kern herauszutreten, abspielt.

Das Ganze wird von der göttlichen Urkraft kontrolliert, welche das alles, bildlich gesprochen, im Griff hat und genau weiß, was mit den einzelnen Aktionen im Rahmen des ganzen Systems energetisch erreicht wird.

Es sind verschiedene Varianten der innersten göttlichen Kernenergie, die hier tätig sind, sich mit allen Konsequenzen auswirken und auf die Menschen manchmal den Eindruck einer negativen Aktivität machen, weil diese nicht verstehen wollen, daß eine positive Entwicklung meistens mit schmerzhaften und unliebsamen Erfahrungen verbunden ist.

Man kann diese göttliche Urenergie mit einem verständnisvollen und wohlwollenden Vater vergleichen, der zusieht, wie sich seine Kinder balgen, dabei gelegentlich Verletzungen davontragen und daraus lernen, sich im Leben richtig zu verhalten, der aber auch weiß, daß die Blessuren schnell wieder heilen.

Fr.: ***Ist es möglich, das eigene Karma oder den Auftrag zu erfahren, mit dem man auf die Erde gekommen ist?***

Aw.: Wenn die Menschen mehr in sich hineinhorchen würden, könnten sie ihre Aufgabe erkennen. Aber infolge ihrer materiellen Denkweise können sie diese Lebensaufgabe nicht, oder nur ungenügend erfüllen und fühlen sich dann unwohl.

Wenn ein Mensch durch seine Arbeit, oder was immer er tut eine innere Befriedigung verspürt, kann er ziemlich sicher sein, daß er seiner Aufgabe lebt und sich damit selbst verwirklicht. Wenn er sich aber im Beruf, am Arbeitsplatz oder wo auch immer mit seiner Leistung unzufrieden fühlt und das auf längere Zeit, dann kann er sicher sein, daß er, sei es aus Feigheit, Bequemlichkeit, materiellem Denken oder sei es, um es anderen recht zu machen, sich nicht selber lebt und seiner Aufgabe nicht gerecht wird.

Der sogenannten Selbstverwirklichung stehen oft die Mitmenschen hinderlich entgegen. Man wird angehalten, sich der allgemeinen Meinung anzuschließen oder zu unterwerfen, sich fremden Vorschriften zu beugen, sodaß oft nur wenig Spielraum für diese Selbstverwirklichung bleibt.

Aussteiger und *"Sonderlinge"*, die nicht mit dem allgemeinen Trend gehen, werden meist verachtet. Z.B. sehen es Eltern oft nicht gern, wenn das Kind einen Künstlerberuf erlernen will, weil damit nur selten genügend materielle Sicherheit verbunden ist und sich das Wort von der *"brotlosen Kunst"* oft bewahrheitet. So wird manche Selbstverwirklichung trotz guter Absicht und wohlwollender Einstellung blockiert.

Es ist völlig irdisch gedacht, daß man eine Tätigkeit nicht annehmen soll, wenn man nicht die Gewißheit hat, damit ein gutes Leben führen zu können. Dieses Erwerbsdenken geht an der eigentlichen, geistigen Aufgabe der Seele vorbei. Sie kann natürlich auch materielle Sicherheit und Wohlstand bringen, muß aber nicht.

Die Hauptaufgabe auf Erden ist für alle Menschen, liebende Zuwendung untereinander zu üben und eine positive Einstellung zum Tätigsein überhaupt zu haben, um sich dadurch geistig zu entwickeln. Der Künstler, der meint, sich nur selbst darstellen zu müssen, ohne damit anderen direkt oder indirekt zu dienen, hat den Sinn seiner Arbeit verfehlt. Dies muß nicht einmal äußerlich erkennbar sein.

Fr.: ***Ist es möglich, etwas über seine eigenen, schicksalhaften Aufgaben zu erfahren ?***

Aw.: Wenn Menschen ehrlich in sich hineinhören, erhalten sie Antwort auf diese Frage. Aber die meisten tun das nicht. Dadurch ist die Frage schon von vorneherein blockiert oder verbogen. Es zeigt sich dann als Antwort oft ein schlechtes Gewissen. Alles wird dann schnell verdrängt, weil man vordergründig materiellen Nutzen im Auge hat.

Die karmische Aufgabe ist manchmal schwer und ihre Ausführung unbequem und scheint nicht opportun. Man versucht dann, sich mit irgendeiner Ausrede zu drükken.

Viele haben sich in der geistigen Welt vor ihrer Inkarnation eine Aufgabe gestellt, deren Ausführung, wenn sie auf der Erde sind, unmöglich wird. Sie haben sich übernommen, denn es ist leichter, sich die Durchführung einer schweren oder gar heldenhaften Aufgabe vorzustellen, als sie dann gegen alle möglichen irdischen Widerstände und Schwierigkeiten praktisch auszuführen. Das gilt auch für die Vorstellungskraft der Reinkarnations-Anwärter.

Viele verzweifeln an der Durchführung ihrer übernommen Aufgabe, werden vorzeitig wieder aus dem Leben abberufen oder begehen Selbstmord. Manche drücken sich, indem sie ihre Aufgabe einfach nicht erfüllen. Aber das rächt sich. Das schlechte Gewissen bohrt in der Seele, auch wenn man das nicht bewußt empfindet.

Wenn dann nach dem Tod der Lebensfilm abläuft, drückt das ganz enorm und die betreffende Seele fühlt sich getrieben, zur besseren Lösung des übernommenen Problems neuerdings anzutreten.

Fr.: ***Im Zusammenhang mit dem Karmagesetz stellt sich die Frage: Hat der Mensch einen freien Willen?***

Aw.: Das Bewußtsein, einen freien Willen zu haben, ist weder bei euch noch bei uns irgendwie eingeengt. Einzelinitiative ist meistens vorhanden. Das wird hier auch nach Kräften gefördert.

Man wird nie unter Druck gesetzt, aber man freut sich sehr, wenn sich jemand entsprechend betätigt. Es werden auch die minimalsten Fähigkeiten unterstützt, um sie zur Geltung bringen zu können. Die Einzelnen werden entsprechend motiviert, sodaß sich jeder freut, auch das Kleinste, das er geben kann, ohne falsche Bescheidenheit oder gar Scham zu geben. Dadurch, daß jeder alles mit Freude und Liebe tut und keiner kritisiert wird, ist auch der Erfolg optimal.

Um die Einflüsse, die auf einen zukommen werden, weiß man schon, bevor man auf die Welt kommt. Sie gefallen einem nicht immer, aber man schließt schon vorher Kompromisse, um einem Ziel, dem man nahekommen möchte, möglichst gerecht zu werden.

Das Ziel liegt in der eigenen Seele verankert und ebenso das Bestreben, dieses Ziel zu erreichen. Es ist ähnlich, wie wenn man auf der Erde eine Reise plant und dazu die günstigste Zugverbindung wählt. Aber man muß dann in Kauf nehmen können, daß dieser Zug vielleicht überfüllt ist, und man die ganze Strecke stehen muß, oder daß Zugluft herrscht und ähnliches.

Man muß also Begleitumstände, die mit der Verfolgung eines bestimmten Zieles verbunden sind und unangenehm sein können, akzeptieren. Glaubt man jedoch, etwas nicht ertragen zu können, reagiert man entsprechend und kann dabei die Interessensphäre anderer verletzen, was zu weiteren Unannehmlichkeiten z.B. Streitereien mit Sieg oder Niederlage führen kann, wobei jedem Sieg auf einer Seite eine Niederlage auf der anderen Seite gegenübersteht.

Andererseits ertragen manche Leute ungute Situationen, obwohl sie diese leicht ändern könnten, wenn sie sich dazu aufraffen würden. Das sind nur kleine Beispiele von Mit-Ursachen für das viele Leid auf der Erde, das viele Wohlmeinende gerne generell beseitigen würden, wenn sie das könnten.

Die Handlungsweise des Menschen wird sowohl durch das gewählte Ziel, als auch durch die mit dessen Erreichen verbundenen, teils angenehmen, teils unangenehmen Begleiterscheinungen beeinflußt.

Der Mensch handelt jedoch stets im Bewußtsein der jeweils möglichen Entscheidungsfreiheit und seiner vollen Willensfreiheit. Alles geschieht im Rahmen eines großen, göttlichen, die ganze Schöpfung umfassenden Planes, dessen Gesetzmäßigkeit auch alle freien Entscheidungen beinhaltet.

DIE AKASHA - CHRONIK

Fr.: ***Was versteht man unter "Akasha-Chronik" ?***

Aw.: Die Akasha-Chronik ist eine energetische Aufzeichnung des gesamten Geschehens in Vergangenheit, Gegenwart und Zukunft.

Fr.: ***Welchem Zweck dient die Akasha-Chronik ?***

Aw.: Die Akasha-Chronik hat an sich keinen spezifischen Zweck. Sie ist eine aus energetischen Schwingungen bestehende Schicht, welche die Erde wie eine unsichtbare Energie-Hülle umschließt und in welcher das ganze göttliche, energetische Geschehen ähnlich wie in einem Zentralcomputer mit Vergangenheit, Gegenwart und Zukunft gespeichert ist. Aber nicht als spezifische Aufgabe, sondern als Begleiterscheinung nach dem Gesetz von Ursache und Wirkung.

Die Akasha-Chronik ist dem Umfang und der Zeit nach unbegrenzt und damit in jeder Richtung unendlich.

Fr..: ***Wie könnt Ihr an die Daten dieser Akasha-Chronik herankommen ?***

Aw.: Das ist nicht jedem möglich. Man muß sich in eine bestimmte Schwingungsebene hineinversetzen, um dieselbe Frequenz zu haben, wie die Akasha-Chronik. Diese Schwingungsebene ist ihr eigener Code. Denn nur Wesen mit entsprechend hoher Entwicklungsstufe haben die Fähigkeit, sich in diese Frequenz einzuklinken und in der Akasha-Chronik zu lesen.

Niedrigere, in den unteren, grauen oder finsteren Schichten lebende Wesen können das nicht. Es ist erst ab einer bestimmten Entwicklungsstufe mit entsprechend hoher Frequenz möglich.

Fr.: ***Gibt es auch für die Akasha-Chronik eine Art Wächter oder Hüter der Schwelle ?***

Aw.: Einen personifizierten Hüter der Schwelle gibt es für diesen Zweck nicht. Das System in sich wirkt wie ein Code, d.h. die Schwingungsebene ist ihr eigener Schlüssel für die Entzifferung ihrer Inhalte.

Die Fähigkeit höher entwickelter Geistwesen, sich in diese Frequenzebene einzuschalten, stellt gleichzeitig auch die Erlaubnis dazu dar, d.h. wenn die erforderliche charakterlich-geistige Entwicklung der Seele vorliegt, ist damit gleichzeitig die Bewilligung gegeben.

Auch Erdenmenschen, welche die dazu notwendige geistig-charakterliche Entwicklung in sich haben, könnten in der Akasha-Chronik lesen. Wer medial begabt ist, braucht dazu auch keine besondere Technik. Er muß aber den ehrlichen Wunsch haben und darum bitten, darin lesen zu dürfen. Dann wird, wie immer, von höherer Warte entschieden, ob durchgegeben werden darf, was er wissen möchte.

Es kann sein, daß ihm bestimmte Teile der Akasha-Chronik nicht zugänglich sind oder daß er das betreffende Wissen nicht weitergeben sozusagen ausplaudern darf. Darüber weiß der Betreffende selbst nichts. Es wird dann einfach sein Gedächtnis bezüglich der geheimen Informationen gelöscht. Aber wenn bestimmte Kenntnisse für die Menschheit wichtig und für eine Verbreitung vorgesehen sind, dann wird das auch erlaubt.

Es ist nicht möglich, in die gesamte Akasha-Chronik Einsicht zu erhalten. Sie ist dazu viel zu groß. Außerdem ist von höherer Warte aus bestimmt, was zugänglich ist, was entsprechend gefiltert wird und was für den Betreffenden geheim bleiben muß.

Man kann die Akasha-Chronik nicht im irdischen Sinne studieren, oder lesen. Man muß sich mit seinem ganzen Wesen in sie versenken und sich völlig mit ihr identifizieren, wie sich Geistwesen auch im gesamten Kosmos ausbreiten können. So ist eine Aufnahme von Wissen aus dieser Chronik vorstellbar. Man weiß den Inhalt dann einfach, teils bewußt, teils unbewußt. Man kann sie nicht lesen, wie ein Buch, man weiß es einfach.

Für ein Studium auf der Erde ist eine solche Wissensübernahme nicht erlaubt. Die Studierenden müssen sich das ihnen auf Erden zugedachte Wissen mit Mühe und Fleiß erwerben, weil die Wissenschaft auf Erden fast nur intellektuell betrieben wird.

Wenn die Wissenschaft in der Zukunft einmal mehr geistig betrieben werden wird, und man eine entsprechend weniger materiell orientierte Anschauung von den Dingen hat, kann die Wissensaufnahme schneller, leichter und besser fließen. Aber weil die Menschen in der Wissenschaft in einer ganz anderen, eben materialistisch-intellektuellen Frequenz leben, geht das noch nicht. Es ist eine andere Schwingungsebene, die das nicht zuläßt. Solange jemand im logisch-analytischen Denken verharrt, hat er schon Schwierigkeiten, mit Jenseitigen überhaupt in Kontakt zu treten.

RELIGION

Fr.: ***Wie würdest Du von Deiner Sicht her Gott definieren ?***

Aw.: Gott ist alles. Alles, was existiert, ist Gott. Er ist das Ganze. Er ist die intelligente Lebens-Urenergie. Damit ist er das Leben selbst und ist in allen Lebewesen und Dingen, auch im Atom und allen noch kleineren, materiellen Teilchen und in allem Immateriellen gegenwärtig, weil er selbst alles ist . Er ist auch Bewußtsein, Unterbewußtsein oder Seele, wie immer man es bezeichnen mag. Als Tierseele ist er auch im Tier, als Planzenseele in den Pflanzen.

Die göttliche Energie, ident mit dem Begriff Gott, ist unendlich in ihrer Ausdehnung, unendlich in ihrer Vielfalt und kennt weder zeitliche noch räumliche Einschränkungen, hat keinen Anfang und kein Ende, Begriffe, die ohnehin aus dem begrenzten, menschlichen Erdenleben entstanden sind. Es ist eine Herabsetzung und Einschränkung des Begriffes *"Gott"*, wenn man versucht, ihm menschliche Art und Eigenschaften zuzumessen.

Diese göttliche Urenergie ist nicht nur die seiende, in sich ruhende Urkraft, sondern auch universelles Bewußtsein und enthält darüberhinaus unendlich viele und verschiedene Faktoren, die das menschliche Fassungsvermögen überschreiten und für den Menschen nicht zur Gänze verständlich definiert werden können. Die Fähigkeit, immer mehr und mehr davon zu erfassen, wächst mit der jeweils erreichten geistig-seelischen Entwicklungsstufe des einzelnen Lebewesens.

Fr.: ***Wird diese Ansicht von allen Deinen jenseitigen Bekannten geteilt oder gibt es bei Euch in dieser Richtung auch Meinungsverschiedenheiten, wie bei uns auf Erden ?***

Aw.: Das ist bei uns anders als bei euch. Es wird jeder entsprechend seinem Auffassungsvermögen von oben her belehrt, d.h. es wird ihm klargemacht, wie sich alles verhält, sodaß er es entsprechend seiner Entwicklungsstufe versteht.

Unser Gottesbegriff ist eine uns von höheren Ebenen eingegebene, gemeinsame, objektive Überzeugung, die dem Verständnis des Einzelnen angepaßt ist. Deshalb gibt es bei uns in dieser Frage keine Meinungsverschiedenheiten, auch wenn auf Erden divergierende, religiöse Meinungen bestanden hatten.

Fr.: ***Was ist aus jenseitiger Sicht objektiv gut und was ist böse ?***

Aw.: Die Bezeichnungen Gut und Böse sind von den Menschen erfunden worden und drücken nur aus, was ihnen gefällt und was ihnen nicht gefällt. Darum haben diese Wertbezeichnungen auch nicht überall gleiche, allgemeingültige Inhalte. Was einem Menschen gut scheint, betrachtet ein anderer vielleicht als böse, weil es nicht seinen augenblicklichen Wünschen oder seiner Weltanschauung entspricht.

Es gibt positive und negative Energien, welche eine Art Spannung aufrechterhalten und für ständige Veränderungen sorgen, denn Leben ist ständige Veränderung, körperlich und geistig. Stillstand wäre Nichtexistenz und kommt daher nicht vor. Elektrischer Strom z.B. fließt auch nur, wenn beide Pole, der positive und der negative, vorhanden sind. Auch Magnetfelder gibt es nur dort, wo zwei Pole aktiv sind.

Die positiven und negativen kosmischen Energien sind als Gesamtes in einem harmonischen Gleichgewicht. Die zeitlichen und örtlichen Unterschiede, die auf der Erde sehr von der seelischen Entwicklung und der Denkungsart der Menschen abhängen, sorgen dafür, daß positive Erscheinungen, wie Friede, Harmonie und Wohlergehen, mit negativen, z.B. Naturkatastrophen, Kriegen und Krankheiten abwechseln, je nachdem, welche geistig-seelischen Energien und wie stark sie überwiegen. Auch hier gilt das Gesetz von Ursache und Wirkung.

Man sollte aber nicht übersehen, daß sich die menschliche Seele nicht durch anhaltendes Wohlergehen, was die Seele eher träge macht, sondern schneller durch erlittenes Leid und erlittenen Schmerz höherentwickelt. Das von vorneherein Unangenehme zwingt schneller zum Denken und Handeln. Eine Seele kann dadurch aus einer Phase des tatenlosen Wohlergehens und der daraus resultierenden Trägheit wieder aktiviert werden und ihre Aufwärtsentwicklung wird gefördert.

Von diesem Gesichtspunkt aus wird das Negative, das man erfährt, positiv und es gibt, objektiv gesehen, nichts Böses mehr. Somit ist die Welt und der gesamte Kosmos samt allem, was darin vorkommt, gut. Der *"Teufel"* als Personifikation des Bösen ist äußerster Gegenpol des Guten. Das sich daraus ergebende Spannungspotential ist die Grundlage jeglichen Energieflusses.

Fr.: ***Wie siehst Du den Wahrheitsgehalt der einzelnen Religionen ?***

Aw.: Im Grunde ist alles wahr und richtig. Vieles ist aber nur Bekenntnis und dem Bewußtsein entzogen, weil der Inhalt der tieferen Begriffe vergessen, verfälscht oder nicht mehr erkannt und verstanden wurde.

Die großen Religionsgründer, wie Moses, Buddha, Jesus, Mohammed und andere sind hohe Geistwesen und müssen nicht mehr inkarnieren.

Fr.: ***Wurde Jesus Christus tatsächlich selbst gekreuzigt und ist er am Kreuz gestorben ? Es gibt die Meinung, daß an seiner Stelle ein anderer Mann gekreuzigt worden sei, und eine weitere Meinung, daß er zwar gekreuzigt wurde, aber nicht am Kreuze gestorben ist, sondern gerettet worden sei. Die Essener hätten ihn gesundgepflegt. Danach sei er nach Indien gegangen, wo man auch heute noch ein Grab zeigt, in welchem angeblich der Leichnam Jesu Christi beigesetzt ist.***

Aw.: Jesus Christus wurde selbst gekreuzigt und ist am Kreuze gestorben. Es erfüllt unsmit großer Traurigkeit, daß es darüber überhaupt Zweifel gibt.

Dieser Jesus Christus, zu dem die Christen beten, lag in seinem Grab bei Jerusalem und ist auferstanden. In dem Grab in Indien ist er nicht und war er nie. Das Grab in Indien ist jedoch eine mystische Stätte, die mit dunklen, geheimen Mächten im Zusammenhang steht. Das Grab birgt ein Geheimnis, das der Öffentlichkeit nicht zugänglich gemacht werden soll. Einige wissen die Wahrheit und verbergen diese hinter einer Lüge, damit die eigentliche Wahrheit nicht an den Tag kommt.

Es handelt sich um eine mystische Kultstätte für einen bestimmten Geheimzirkel ähnlich einer Gralsritterrunde, aber mit jenen religiösen Kräften verbunden, welche dort konzentriert sind. Das wissen aber nur die Eingeweihten, die bewußt die Lüge mit dem Grab Jesu verbreiten. Der Ort ist eine geheime Kult- und Mysterienstätte, aus der die Eingeweihten Kraft schöpfen.

Fr.: ***Können die Anhänger verschiedener Religionen in der geistigen Welt sich gegenseitig besuchen und Erfahrungen austauschen, z.B. Buddhisten mit Christen, Juden mit Muslims usw. ?***

Aw.: Sie könnten das schon, aber sie tun es im allgemeinen nicht. Und das ist keine Frage des Wollens, sondern des religiösen Bewußtseins, das in seinem Empfinden entsprechend begrenzt ist, sodaß besonders die Fanatiker jeder Religionsgesellschaft unter sich sind und auch bleiben wollen.

Die Anhänger einer bestimmten Religion oder eines bestimmten Kulturkreises fühlen sich in ihrem gewohnten Rahmen mehr geborgen als in Gesellschaft Andersgläubiger. Fanatiker oder religiös sehr einseitig Orientierte werden bei uns belehrt, was Religiosität im Grunde bedeutet und daß die religiösen Führer, welche auf Erden als Menschen aufgetreten sind, hier in der geistigen Welt als religiöses Kraft-Prinzip, nicht mehr nur als Persönlichkeit weiterwirken. Es waren und sind gewaltige, positive, einheitliche Kräfte, die durch die Religionsstifter auf Erden verkörpert waren.

Die allen gemeinsamen Grundwahrheiten wurden teilweise von den Nachfolgern mehrfach aus Machtstreben oder anderen Gründen ergänzt, variiert, unrichtig ausgelegt und bewußt umgedeutet oder verfälscht.

Die Seelen lernen jetzt verstehen, welche religiös-geistigen Kräfte hinter all diesen Namen und Bezeichnungen der verschiedenen Religionen und Sekten stehen bzw. durch ihre geistigen Urheber ausgedrückt wurden und heute noch werden, und welche positiven Erscheinungen mit diesen Kräften verbunden sind.

Sie können dann diese Kräfte empfinden.

Manche Gläubige erwarten, daß ihnen nach ihrem Tode ein hoher Vertreter ihrer Religion erscheint, bei Christen z.B. die Mutter Gottes oder Jesus Christus oder daß sie direkt vor GottesThron stehen. Sie haben die Möglichkeit, all dies zu visualisieren, d.h. sich vorzustellen und es wird in solchen Fällen das entsprechende Bild erzeugt. Diese Verstorbenen sehen dann die ersehnten Personen real, obwohl es ein Trugbild ist, weil diese Personen nicht da sind.

Es handelt sich um Energien und Kräfte, die personifiziert werden und sich dann so darstellen oder dargestellt werden, wie man sie von der betreffenden Religion her gewohnt war,zu sehen.

Für geistig-seelisch besonders hoch entwickelte Wesen spielt die Religion keine Rolle mehr. Es zählt nur noch die Nächstenliebe und der Wunsch, anderen Wesen, auch Erdenwesen, Gutes zu tun.

Solche hochentwickelten Wesen haben einen zeitlich und räumlich weiteren Horizont und werden von höherer Warte aus für entsprechende, hilfreiche Aufgaben eingesetzt, die sie mit großer Liebe und Freude ausführen, ohne nach Religion oder Weltanschauung zu fragen. Dies kann je nach Auftrag als Einzelaktion oder als Gruppeneinsatz geschehen. Es ist alles gesetzmäßig geregelt.

Die Seelen leben in verschiedenen Bewußtseinsebenen, für welche die kulturelle und religiöse Erziehung und Überzeugung sehr maßgeblich ist. Sie leben mit Personen gleicher oder ähnlicher Schwingung zusammen, weil sie sich dort und nur dort wohlfühlen. So erhalten sie die für sie bestmögliche, jenseitige Entwicklung.

Es können aber auch Personen verschiedener, bei entsprechender Toleranz sogar gegensätzlicher Weltanschauung beisammen sein, wenn ihr Zusammengehörigkeitsgefühl, die Liebe oder Sympathie stärker sind, als kulturelle oder religiöse Faktoren.

Religionsgesellschaften im weltlichen Sinne gibt es bei uns nicht. Es sind Vorstellungen und Bilder, die die einzelnen Seelen in sich tragen. Diese Vorstellungsbilder, die sich die Seele auf Erden eingeprägt hat, z.B. Jesus Christus, die Gottesmutter Maria, Buddha, Mohammed, Manitu, Moses oder Abraham, können hier durch die Vorstellungskraft der Seele realisiert werden. Die Grundlage dafür ist rein geistig.

Fr.: ***Sind die weniger hoch entwickelten Seelen besonders der Leute, die auf Erden fanatische Anhänger einer bestimmten religiösen oder philosophischen Lehre waren, bei Euch immer noch einseitig geprägt oder intolerant, was diese Lehren mit all ihren Widersprüchen angeht ?***

Aw.: Ja, z.B. ein fanatischer Moslim, der im heiligen Krieg Gegner umgebracht hat und der Überzeugung war, damit etwas Gott wohlgefälliges zu tun, kommt nach seinem Tode mit dieser Überzeugung zu uns ins Jenseits, und wird hier von den geistigen Führern belehrt, geschult und damit einsichtiger gemacht. Das ist von Fall zu Fall verschieden, oft sehr schwierig und manchmal auch erfolglos.

Er inkarniert dann wieder auf der Stufe seiner Vorstellungen, die er erreicht oder beibehalten hat. Es wird bei dieser Belehrung von den geistigen Lehrern sehr große Langmut geübt, und wenn man sieht, daß die Bereitschaft zur Einsicht fehlt, wird die Belehrung abgebrochen. Der Betreffende muß dann in weiteren Inkarnationen die wahren Zusammenhänge durch zum Teil leidvolle Erlebnisse und Schicksalsschläge erfahren.

Wer den leichteren Weg des Sich-Belehren-Lassens ablehnt, muß den unangenehmeren Weg seiner Erfahrungen gehen.

Fr.: ***Religiöse Auseinandersetzungen oder gar weltanschaulich begründete Kämpfe gibt es bei Euch im Jenseits wohl nicht mehr ?***

Aw.: Im Prinzip nicht. Aber eine streitsüchtige Seele, die auf Grund ihres Entwicklungszustandes und der von ihr ausgehenden geistigen Schwingungen andere streitsüchtige Personen in Erinnerung hat, kann sich durchaus einen solchen Kampf vorstellen, der dann ähnlich, wie bei euch im Traum, auch stattfindet, aber höchstens seelisch-geistige Spuren hinterläßt.

Wesentlich sind nur die Einzelempfindungen und -gedanken, welche die Seele von ihrem Erdenleben her mitbringt und hier durch ihre Vorstellungskraft realisieren kann. Es gibt hier eine geistige Gesetzmäßigkeit, die das alles enthält.

Der Einzelne kann diese Vorstellungsbilder selbst erzeugen und meint dann , er habe recht, ähnlich wie auf der Erde auch. Wenn er aber negative Gedanken gegenüber einem anderen hat und mit ihm kämpfen möchte, kann er ihm nur als selbstgeschaffenem Gedankenbild gegenübertreten. In Wahrheit ist dessen Seele gar nicht anwesend, weil sich Schwingungen der Feindseligkeit gegenseitig abstoßen und er deshalb nicht an seinen Gegner herankommt.

Er kann gar nicht mit dieser Seele kämpfen, sondern kämpft im Grunde gegen sich selbst und begibt sich mit seiner Aggressivität in eine niedrigere Ebene. Er kann in Gedanken ein solches Kampfgeschehen ablaufen lassen und meint dann, der Kampf sei tatsächlich real.

Es kommt vor, daß sich andere Aggressive, welche Spass am Kampf oder Streit haben, zur Verfügung stellen, sodaß ein gemeinsamer, gedanklicher Kampf gegeneinander oder miteinander gegen einen gedachten Dritten erlebt wird. Solche Kämpfe werden als eine Art Sport empfunden.

Wenn jemand echt aggressive Gedanken gegen einen anderen hat, verschwindet dieser Gegner, oder er kommt gar nicht zu ihm, weil sich solche Schwingungen abstoßen. Es kann keinem anderen Schaden zugefügt werden.

Manchmal wird ein Kampf auch bildlich inszeniert, um eine Seele von irrigen Vorstellungen abzubringen. Sie wird dann anschließend mit der Wahrheit konfrontiert, mit der Absicht, sie zu belehren.

Fr.: ***Welche Bedeutung hat das Geheimnis der Dreifaltigkeit im Christentum und wie soll man die Person der Muttergottes auffassen ? Ist die Erscheinung der drei Weisen aus dem Morgenland eine Legende ?***

Aw.: Die Hl.Dreifaltigkeit ist eine gedankliche Hilfsvorstellung mystischer Art, um den Menschen mehr Verständlichkeit zu bringen und hat mit Vater und Sohn im Grunde nichts zu tun. Es ist ein Symbol riesiger Kräfte, wie eben Christus aus dem Göttlichen hervorging.

Die Muttergottes ist nicht enthalten. Sie ist die Personifizierung des weiblichen Prinzips und der Güte, sowie der gebenden und empfangenden geistigen Kräfte, um daraus Neues zu gebären, so wie sie Jesus Christus der Welt geschenkt hat.

Übrigens ist die wahre Geburtszeit Jesu Christi nicht ganz genau bekannt. Die drei Weisen - sie waren unter anderem auch Astrologen - hat es tatsächlich gegeben und sie hatten denTag der Geburt nach der Sternenkonstellation richtig errechnet. Es war ein Einundzwanzigster.

Die Astrologie war damals die höchste Wissenschaft und ihre Aussage wurde viel höher bewertet als heute. Die Astrologen konnten geistige Abläufe erkennen und erfühlen. Es war nicht Hellsichtigkeit, sondern intuitives Wissen um den geistigen Hintergrund der Astrologie, die Kräfte der Planeten und die damit zusammenhängenden, geistigen Abläufe.

Fr..: ***Haben Gebete Wirkung und sind Mantras ihnen gleichzustellen ?***

Aw.: Echte Gebete sind Bitten um Hilfe oder Ausdruck der Dankbarkeit und sind ebenso, wie andere gute Gedanken, starke Kräfte. Das positive Denken zieht Energien an, die enorm stark wirken können.

Heilige, zu denen man betet, haben die Aufgabe, zu helfen. Sie sind reale jenseitige Persönlichkeiten, die für ihre Tätigkeit spezialisiert sind. Sie haben bestimmte Kräfte, mit denen sie die ihnen zugeteilten Aufgaben besonders gut erfüllen können.

Alles ist nach den Fähigkeiten des Einzelnen aufgeteilt. Es ist daher richtig, wenn man z.B. zum Hl. Antonius betet, wenn man etwas verloren hat. Diese Heiligen sind Individualisten. Sie waren einmal Menschen auf der Erde und haben als solche bestimmte Charakteristiken und Begabungen gehabt und diese beibehalten. Vollkommen ist nur das absolut Göttliche in der Gesamtheit seiner Aspekte.

Mantras versetzen denjenigen, der sie benützt, in eine spezielle Schwingungslage, in welcher er fähig ist, geistige Aktivitäten leichter durchzuführen. Er kann sie mit Gebeten, guten Wünschen und Gedanken verbinden, die dann auf das Schwingungsmuster der Mantras aufgetragen und wirksam werden.

Sie sind wie ein Vehikel, auf das man sich geistig einschwingt und dann seine geistigen Vorhaben darauf ablaufen lassen kann, oder auch nicht. Es ist einfach eine Schwingungsebene, in die man sich hineinversetzt.

Man sollte sich bei den Mantras auch Farben vorstellen, die eine bestimmte Bedeutung und mit den Mantras auch eine wesentliche Aussage haben. So stellt man sich rot vor, um Herzenswärme, Körperwäme und Körperkraft zu aktivieren, grün für seelische Expansion, auch als Heilfarbe und zur geistigen Reinigung verwendbar, hell-lila zur Aktivierung religiöser Vorstellungen oder, um mit Heiligen in Kontakt zu treten, hellgelb bis weiß, um mit Ebenen höherer, geistig-göttlicher Schwingungen in Kontakt zu treten.

Wenn man automatisch ablaufenden Mantras zuhört, wird reflektorisch eine Schwingung auf den Zuhörer aufgestrahlt. Wenn die Eigenschwingung des Zuhörers damit nicht ident ist, nützt es nichts. Wirksam ist nur, wenn man voll bewußt zuhört und die Mantras oder Gebete auf sich wirken läßt. Wenn man durch anderweitiges Denken oder Tun abgelenkt ist, ist es nur eine Geräuschkulisse.

Die Glocken, ähnlich auch die Gebetsmühlen, reinigen durch ihre Schwingungen die Atmosphäre. Durch diese Reinigung können Gebete, Mantras oder andere gute Wünsche, wenn sie wirklich von Herzen kommen, leichter in den Schwingungsfeldern verteilt werden und steigen sozusagen besser auf. Der Mensch muß die Gebete trotzdem selber sprechen, damit sie wirksam werden.

Daselbe gilt auch für motorisch angetriebene Gebetsscheiben. Wenn dabei die ausgesandten, persönlich durch gute Gedanken oder Gebete modulierten Schwingungen auf einen Menschen treffen, der dafür offen ist, können sie tiefen Einfluß haben, ihn aktivieren und ihm positive Energien bringen.

Das Inbetriebsetzen eines solchen Gerätes mit dem aufrichtigen Wunsch, daß es jemandem helfen möchte, ist ident mit ausgesprochenen guten Wünschen. Der Wunsch kann aber nur greifen, wenn der gedachte Empfänger für einen solchen Wunsch entsprechend offen und innerlich positiv eingestellt ist, sonst prallt er wie bei negativen Personen mit niedrigen Schwingungen ab.

Die mechanischen Geräte bewirken eine allgemeine Verteilung des Wunschgedankens, und wo dieser schwingungsbedingt greifen kann, hat er auch die Wirkung guter Wünsche, ähnlich, wie bei der Radiomusik: Wer sie ernsthaft anhört, hat etwas davon, ansonsten ist sie nur Geräuschkulisse.

Fr.: ***Man hat früher in manchen Kulturen den Göttern Menschenopfer dargebracht. War das nicht Mord?***

Aw.: Damals war die religiöse Einstellung anders. Menschenopfer wurden nicht als Mord angesehen. Man wollte dem Göttlichen das Göttliche im Menschen wieder darbringen, um damit zu zeigen, daß man der Gottheit eng verbunden ist. Das war die Grundeinstellung.

Man hatte auch eine andere Werteinschätzung des Lebens. Das körperliche Leben war damals nicht so bewußt wertvoll wie heute, und das Körperbewußtsein war nicht so stark ausgebildet. Es war eine mehr im Seelisch-Geistigen liegende Bewußtseins-Einstellung. Man war noch nicht so im Ich verhaftet: Ich muß leben, Ich muß gesund bleiben usw. Es war in diesen alten Kulturen mehr ein Gruppen- und Gemeinschaftsdenken vorherrschend.

Hinter den Menschenopfern stand die ganze Gruppenseelen-Gedankenwelt. Man wollte durch dieses große Opfer Gott dem ganzen Volk wieder näherbringen und die Verbundenheit mit ihm dokumentieren. Später, beim Niedergang dieser Kulturen, besonders im Osten, war die Triebfeder für die Menschenopfer mehr das schlechte Gewissen. Die Gottheit sollte durch die Menschenopfer als Reueakt für die begangenen Missetaten wieder versöhnt werden.

Fr.: ***Sind Marienerscheinungen, wie z.B. in Medjugorje, Jugoslawien, echt ?***

Aw.: Es sind wirklich echte Erscheinungen. Es handelt sich dabei um die Realisierung von Gedankenkräften. Deshalb zeigen die Erscheinungen auch immer das an, was man, in diesem Falle z.B. über die Muttergottes, weiß und wie man sie sich vorstellt. Es sind Kräfte, die im Unterbewußtsein und aus dem Unterbewußtsein wirksam werden.

In einem Vielgöttersystem werden diese Kräfte aufgeteilt und man stellt sie sich nicht, wie bei einem Eingottsystem, in einer einzigen Personifizierung vor.

Im Falle einer Erscheinung steigt aus dem Unterbewußtsein ein Verbindungspotential auf, eine Kraft, ein Bild, das die Erscheinung formt. Diese ist dann für die betreffenden Personen richtig vorhanden. Es sind Energien, die sich im Rahmen der Vorstellungsmöglichkeit und Vorstellungskraft darstellen.

Fr.: ***Wie aus den kriegerischen Auseinandersetzungen im Nahen Osten, besonders im Iran, Irak und Kuweit und dem Verhalten gegenüber Nicht-Moslims oder religösen Gegnern zu ersehen ist, verhält sich besonders der Islam in vielen Fällen intolerant und aggressiv. Wird das zu der von den Mohammedanern seit langem erträumten und angestrebten Weltherrschaft des Islam führen ?***

Aw.: Die Aggressivität einer Religionsgemeinschaft wie die des Islam ist einem Steppenbrand vergleichbar. Im Falle des Islam wird er sich vorwiegend im Osten auswirken. Im Westen ist das geistige Terrain für den Islam nicht geeignet.

Die Überzeugungskraft des Islam als Religion müßte dem demokratisch-freiheitlich eingestellten Westen gegenüber außerordentlich groß sein, um dauerhafte Wirkungen zu erzielen. Das ist sie nicht.

Jede aggressive Haltung einer Religionsgemeinschaft, oder auch anderer Organisationen, wird sich im Westen totlaufen, weil hier Denk- und Religionsfreiheit Grundlage von Kultur und Politik sind. Die Forderung nach geistiger und religiöser Unabhängigkeit ist im Westen sehr stark verankert und wird auch im Osten immer größer werden.

Der Westen ist geistig und politisch viel zu freiheitlich entwickelt, als daß aggressive Geistesrichtungen, mögen politische oder religiöse Machtbestrebungen dahinter stehen, ernsthaft und in größerem Umfang greifen könnten. Die Menschen stehen solchen aggressiven Bestrebungen verständnislos gegenüber und damit ist ihnen der Boden entzogen. Auch militärisch besteht keine Gefahr, weil im eigenen Lande kein zielgerichtetes, einheitliches Denken herrscht.

ENTWICKLUNG DER LEBEWESEN

Fr.: ***Wie kamen Lebewesen auf den Planet Erde ?***

Aw.: Die Lebewesen, speziell auch die Menschen, entstammen einer göttlichen Idee, welche Form angenommen und sich solcherart materialisiert hat. Die entsprechenden Energieschwingungen wollten sich mit der Erde verbinden und waren nach ihren Schwingungsgesetzen und Vorstellungen an der Formung beteiligt. Das reicht in den göttlichen Urzustand zurück.

Die göttliche Ur-Zentralenergie, die sich ausbreitete und durch göttliche Vorstellung formte und bildete, sandte Ideen als Energie aus. Denn Gott ist die Ur-Zentral-Energie, welche auch alle Veränderungen des Geistigen und des Materiellen und damit das gesamte Leben beinhaltet.

Diese Urenergie formte auf Grund des ihr innewohnenden Expansions- und Experimentierwunsches verschiedene Energiepools, die sich aus sich selbst entwickeln, mit sich selbst experimentieren und Mutationen bilden können und ihrer eigenen Gesetzmäßigkeit unterliegen. Sie sind als lebendig anzusehen und ihre Triebfeder ist ein Empfinden, das Liebe bedeutet.

Aus dem genannten Experimentierwunsch entstand zunächst die Gruppe der Mineralien, dann die der Pflanzen. Diese Energie wurde dann später von einer weiteren Energie überlagert, aus welcher sich die Tierwelt bildete. Es handelt sich um zwei verschiedene Gruppen, die sich aber gegenseitig durchwirken.

Entwicklungsgeschichtlich später kam dann die Schöpfungsenergie für den Menschen dazu, die sich anfänglich ebenfalls mit den anderen Energien teilweise vermischte, sodaß Übergangsformen möglich waren.

Seitdem hat sich aber nur der Mensch geistig weiterentwickelt, sodaß keine Vermischung mehr möglich ist.

In Urzeiten konnte ein menschliches Wesen unter Umständen wieder tierische Züge annehmen, soweit es im großen, göttlichen Schöpfungsplan vorgesehen war. Dieser Gedanke ist auch z.B. im tibetischen Buddhismus enthalten, der eine Wiedergeburt als Tier vorsieht, wenn sich der Mensch nicht gut betragen hat. Aber mittlerweile hat sich das geistige Bewußtsein des Menschen so weit entwickelt und gefestigt, daß eine Reinkarnation als Tier auszuschließen ist.

Die Darwin´sche Entwicklungslehre ist dieser Darstellung gegenüber nicht ganz unrichtig, aber Darwin hat sich nur an äußeren Merkmalen und körperlichen Formen der Lebewesen orientiert und die geistigen Inhalte weitgehendaußeracht gelassen. Er konnte deshalb nur einen kleinen Teil der Entstehung und Entwicklung der Lebewesen erfassen und hat die wirksamen geistigen Kräfte zum Teil übersehen, denn es waren göttlich-geistige Energieschwingungen, die sich mit der Erde verbinden wollten und nach ihren eigenen Schwingungsgesetzen und Vorstellungen an der Formung allen Seins beteiligt waren.

Die göttliche Ur-Zentralenergie breitete sich infolge der ihr innewohnenden Expansions- und Mutationskraft aus, formte und formt immer noch sowohl die Materie als auch sämtliche Lebewesen und steuert deren Verhalten und Entwicklung.

Da alles Leben Veränderung und Entwicklung ist, entwickelt sich diese Ur-Zentralenergie aus sich selbst heraus, während alle Teilenergien von dieser Zentralenergie abhängig sind. In allen diesen Energien ist eine Art Experimentierwunsch in der Expansion enthalten. Der innerste Kern ist ein Gefühl, das wir am ehesten als Freude, verbunden mit Liebe bezeichnen können.

Fr.: ***Haben Tiere und Pflanzen auch eine Seele ?***

Aw.: Man kann sehr wohl von einer Tierseele und auch von einer Pflanzenseele sprechen. Das sind Gruppenseelen und diese Gruppen sind in sich abgeschlossen. Sie machen zwar auch eine Entwicklung durch, haben aber andere Schwingungen, sodaß z.B. ein Tier immer ein Tier bleiben wird und nicht zum Menschen werden kann, denn das Tier besitzt tierischen Geist. In diesem Punkte ist die Darwin'sche Entwicklungslehre zu linear gedacht.

Auch die Steine bilden für sich eine eigene Schwingungsgruppe. Dabei können sich diese verschiedenen Schwingungsgruppen gegenseitig beeinflussen. Es ist deshalb von großer Bedeutung, ob man durch gute, liebevolle Gedanken gegenüber Mensch und Natur positive oder durch ungute Gedanken aller Art negative Schwingungen erzeugt und damit die Umwelt beeinflußt.

Auch angenehmes Licht und harmonische Musik wirken positiv und tun der Umwelt gut, auch dann, wenn es sich nur um die *sogenannte* Materie handelt.

Fr.: ***Wie geht die Entwicklung auf der Erde weiter ?***

Aw.: Nachdem das Zusammenwirken Erde-Pflanze-Tier-Mensch heute gesellschaftsbiologisch, auch als Nahrungskette, ziemlich vollkommen ist, kann man in der Entwicklung der Natur als größere Veränderung der Körper und der äußeren Lebensformen auf der Erde eine Art Stillstand zu Gunsten der geistigen Entwicklung feststellen.

Es wird zunächst eine längere Zeit so bleiben, zumal sich die Erde als geistiges Wesen in ihrem gegenwärtigen Zustand verhältnismäßig wohl fühlt. Mutationen werden trotzdem immer wieder stattfinden, weil das ganze System nicht starr ist und so viele verschiedene Einwirkungen vorhanden sind, daß Veränderungen aller Art unablässig vorkommen.

Auch eine Anpassung an geänderte Umweltverhältnisse ist ständig erforderlich, um zu überleben. Erst wenn die Kraft für solche Mutationen und Anpassungen nicht mehr ausreicht, geht die betreffende Art zugrunde und stirbt aus. Dagegen entwickeln sich Arten, die einen größeren Energieschub haben, stärker.

Auch das Energiepotential der Menschheit nimmt ab, wodurch ihrer Anpassung immer mehr Grenzen gesetzt werden, bis sie als körperliche Erscheinungform des Lebens ausstirbt und in anderer Form weiterlebt.

Der menschliche Geist fühlt sich wegen der Schwierigkeiten, die sich aus der Materie und der damit verbundenen Körperlichkeit ergeben haben und noch ergeben, mit eben dieser Körperlichkeit nicht ganz glücklich. Er sehnt sich in seinem Innersten an die schönere Existenz ohne materiellen Körper zurück und möchte seinen früheren Materialisationswunsch gerne wieder rückgängig machen. Er hat aber die Erfahrung mit der Materie, sowie auch den Materialisationswunsch selbst und den damit verbundenen Entwicklungszwang in sich aufgenommen.

Es ist Segen und Fluch der Menschheit, daß sie die Materie kennengelernt hat und sie jetzt wieder loshaben möchte. Von der zwangsweisen Entwicklung der Dinge her ist das aber nicht möglich. Alle Lebewesen müssen deshalb diese Körperlichkeit als Teil ihres Entwicklungsweges akzeptieren.

Die Schöpfungsidee an sich ist sinnvoll und kann nicht ungeschehen gemacht werden. Die seelisch-geistig-charakterliche Entwicklung geht durch die mit der Körperlichkeit verbundene Einengung zu Leistungszwang, Arbeit, Leid, Schmerz und Tränen schneller und besser voran. Man kann diesem Teil der Entwicklung nicht entfliehen, so gern manch einer den Rückwärtsgang in Richtung körperloses Paradies einlegen möchte. Viele versuchen das auch, indem sie ihren Bewußtseinszustand durch Suchtgifte oder andere berauschende Mittel verändern. Das ist aber das Schlimmste, was man seiner Seele antun kann, weil es ein gewaltsamer Eingriff in die Gesetzmäßigkeiten der Psyche ist. Man hindert sich dadurch selbst daran, die Aufgaben zu erfüllen, die man sich vor der Inkarnation in dieses Leben gestellt hat.

Die Seele wird dadurch sehr verwundet und fühlt sich wie zerfetzt und zerfressen. Ein Zustand, der sich im Erdenleben in geistiger und moralischer Schwäche, körperlichem und seelischem Unbehagen, Arbeitsunfähigkeit, innerer Disharmonie und dem ständigen Drang, sich und sein Gewissen zu betäuben, äußert und manchem erst nach seinem Tode zu vollem Bewußtsein kommt.

Die Seele ist dann gezwungen, z.B. in einer neuerlichen Inkarnation, diese Selbstzerstörung wieder gut zu machen, außerdem die versäumte Erfüllung der übernommenen Aufgaben nachzuholen und dabei die vorgesehenen Erfahrungen zu machen.

Erst, wenn wir die durch die Körperlichkeit machbaren Erfahrungen gewonnen haben, gilt dieser Aufgabenkomplex als erfüllt und der Mensch kann, manchmal auch erst nach weiteren Erfahrungen mit der Körperlichkeit auf anderen Planeten mit materiellen Lebensstrukturen, endgültig aus der Körperlichkeit und der Materie entlassen werden. Damit ist dann das ganze System, nämlich die Materie kennenlernen zu wollen, als Teil unserer inneren Entwicklung insgesamt abgelegt, und der Mensch kehrt wieder in die Körperlosigkeit zurück und kommt in andere Seinsformen mit anderen Aufgabenbereichen.

Die weitere Entwicklung erfolgt dann auf rein geistigen Ebenen. Dort herrscht eine ständige lebendige Bewegung und Veränderung, wodurch immer neue Energieformen mit eigenen Zielrichtungen und Entwicklungssystemen entstehen, die wiederum verschiedene andere und neuartige Weiterentwicklungen möglich machen. Sobald eine bestimmte Zielrichtung gegeben ist, wird diese bis zur Erreichung des Zieles verfolgt.. Das ist ein Grundgesetz der Entwicklung an sich.

Aus dieser ständigen, energetischen, lebendigen Bewegung entsteht ununterbrochen Neues, welches seinen eigenen Gesetzen der Entwicklung unterliegt und sich bis zur Erfüllung verwirklicht. Es gibt somit unendlich viele Ziele und Möglichkeiten.

Weil diese ständigen energetischen Veränderungen in ihrer Vielfalt und Zahl unendlich sind, resultieren daraus unendlich viele voneinander verschiedene Zielrichtungen und Aufgaben, die bis zur Vollendung ihre Eigengesetzlichkeit in sich tragen. Ihre Erfüllung ist Teil der unendlichen Weiterentwicklung der Menschheit und der gesamten Natur.

Für die Erfüllung der unendlich vielen Aufgaben und Nutzung der Möglichkeiten, welche die Menschheit noch vor sich hat, erhält sie die erforderliche Energie aus der ewigen. unerschöpflichen, göttlichen Urenergie, in die nicht mehr benötigte Energien auch wieder zurückfliessen, und zwar mitsamt dem dazugehörigen Erfahrungsgut. Dadurch findet auch in der Gesamtheit der Urenergie eine ständige Aufwärtsentwicklung statt.

Es ist wie ein immerwährendes Fließen der verschiedensten Energieströme, welche die gemachten Erfahrungen in den Urkern zurückbringen und damit wieder neue Entwicklungen anregen.

Diese Gesamtentwicklung könnte als eine ständige, spiralige Bewegung gleich einem Perpetuum Mobile betrachtet werden, die weder nach unten noch nach oben eine Grenze hat, zwar anscheinend vielfältige und zahllose Krümmungen und Unregelmäßigkeiten aufweist, die aber alle den göttlichen Gesetzmäßigkeiten untergeordnet sind und von ihnen gesteuert werden.

Das Grundgesetz von Ursache und Wirkung lenkt sowohl die einzelnen Entwicklungen, als auch die Gesamtentwicklung aller Wesen.

Da nun der Mensch in seiner Entwicklung immer weiter aufsteigt, wird er schließlich aus der Entwicklungsphase der Erfahrungen mit der Materie wieder in die körperlosen, göttlichen Schwingungsebenen mit deren Entwicklungsmöglichkeiten aufgenommen. Er taucht geistig mit seinem Bewußtsein in diese höchsten Schwingungsebenen ein.

Der Mensch hat dann das erreicht, was er innerlich immer sehnsuchtsvoll sucht, nämlich die absolute Harmonie! Diese innerste Harmonie verschmilzt mit der göttlichen Liebe. Dann braucht der Mensch sich selbst als Persönlichkeit mit einer bestimmten Form und einem Einzelbewußtsein nicht mehr, ist Teil der höchsten göttlichen Energie, beendet damit seine Entwicklungsphase als Mensch und geht in den Kern der absoluten Liebe ein, ein Zustand, der für euch unvorstellbare Möglichkeiten im Rahmen der unendlichen Glückseligkeit bietet.

Fr.: ***Die Erde wird gerne mit einer Schule verglichen. Könnte man hier mit einer Art Verbesserung des Lehrplanes rechnen ?***

Aw.: Der Planet Erde wird noch einige Zeit in der bisherigen Art gebraucht und als Schulungsplanet verwendet. Eine Änderung wird erst nach einer Säuberung von den allzu negativen Kräften eintreten. Die Erde wird dann für bessere Wesen verwendet werden, weil sie ein schöner Planet ist. Wann diese Säuberung in größerem Umfang einsetzen wird und wie lange sie dauert, kann ich nicht genau sagen, weil wir hier keine Zeitrechnung verwenden,aber jedenfalls wird für eure Begriffe noch ziemlich viel Zeit vergehen. Es wird also noch nicht im kommenden Jahrhundert sein.

Fr.: ***Was ist Voraussetzung für ein friedlicheres und glücklicheres Zusammenleben der Menschen ?***

Aw.: Die Nächstenliebe, die schon immer und überall

gepredigt wurde und wird, muß als Grundforderung Allgemeingut von der Wiege bis zur Bahre werden. Gleichzeitig müssen Haß und Neid, egoistisches Machtstreben und die Gier nach materiellem Besitz im Zuge der moralischen Aufwärtsentwicklung ganz beseitigt werden.

Fr.: ***Ist es richtig, daß Leid zu unserer geistig-seelischen Entwicklung mehr beiträgt, als Freude und Wohlergehen ?***

Aw.: Das ist im Prinzip richtig. Aber die Freude ist ein wichtiger Faktor für den Ausgleich zur Erhaltung des seelischen Gleichgewichtes und damit zur seelischen Gesundheit. Man darf natürlich bei der Entwicklung der Seele den Einfluß von Kultur, Erziehung und Umwelt nicht außeracht lassen. Diese Einflüsse stehen einer positiven seelischen und charakterlichen Entwicklung sehr häufig hinderlich im Wege.

Besonders Machtstreben, Karrieredenken und materialistische Habgier blockieren diese Entwicklung; bis diese negativen Eigenschaften, leider meistens nur als Folge von Schicksalsschlägen, einer besseren Erkenntnis weichen, und Nächstenliebe, Bescheidenheit, Toleranz und Hilfsbereitschaft die Oberhand gewinnen.

Fr.: ***Rudolf Steiner sagte einmal: "Alles ist Rhythmus". Läßt sich auch in der Entwicklung der Menschheit und ihrer Geschichte ein bestimmter Rhythmus erkennen ?***

Aw.: Rhythmus bedeutet u.a. Ein- und Ausatmen. Das ganze Universum atmet ein und aus und das ist Rhythmus. In diesem großen, universellen Rhythmus sind unendlich viele untergeordnete Rhythmen eingebunden, sodaß die Harmonie des Ganzen für unsere Wahrnehmungsmöglichkeiten nicht immer sichtbar wird. Aber im großen Zusammenhang, den wir infolge unseres beschränkten Gesichtskreises nicht übersehen können, herrschen rhythmische Schwingung und Harmonie.

Die Erde und die auf ihr stattfindenden Veränderungen, einschließlich der Katastrophen, haben innerhalb dieses universellen Rhythmus wieder ihren eigenen, untergeordneten Rhythmus.

Auch wenn alle Planetensysteme, alle Naturereignisse und alle einzelnen Lebewesen ihren eigenen Rhythmus aufweisen, durchweben sich alle diese Erscheinungsformen und ihre Rhythmen gegenseitig, einschließlich ihrer Tendenzen und Bestrebungen. Dabei spielen nicht nur äußere gegenseitige Beeinflussungen, sondern auch innere Willenskräfte und Zielsetzungen eine wesentliche Rolle.

Diese verschiedenen, vielfältigen Kräfte können sich im Einzelfall zusammenballen und ihre zum Bersten geladene Energie als Naturkatastrophe oder im positiven Falle als Entwicklungsschub auf irgendeinem Gebiet entladen. Umgekehrt können Energien auch abnehmen, erkalten oder verlöschen und dadurch für die Menschen im Augenblick katastrophale oder auch erwünschte Veränderungen herbeiführen.

Diesen Wechsel können wir überall, im Großen wie im Kleinen beobachten. Es sind unendlich viele, unterschiedliche Schwingungen, die zusammenwirken. Dabei werden infolge der Vielzahl der gegenseitigen Einwirkungen und der von den Menschen nur in relativ kleinem Umfang erfaßbaren Zeiträume die Rhythmen und ihr ebenfalls rhythmisches Zusammenwirken großenteils gar nicht erkannt. Die wirklich großen, rhythmischen Zusammenhänge kann man nur in geistiger Schau erahnen. Sie spielen in der Entwicklung der Menschheit eine wesentliche Rolle.

Diese geistig-seelisch-charakterliche Entwicklung der menschlichen Persönlichkeit gibt dem Leben einen tieferen Sinn. Zu dieser unserer eigenen Entwicklung, sei es im sogenannten Diesseits oder Jenseits, können wir bewußt am meisten dadurch beitragen, daß wir versuchen, im Rahmen unserer Kräfte und Möglichkeiten den anderen Lebewesen, besonders anderen Menschen,im Geiste einer selbstlosen Nächstenliebe geistig, seelisch und materiell beizustehen, ohne uns aufzudrängen.

Verständnis und Toleranz gegenüber Andersdenkenden ergeben sich daraus von selbst, und diese Grundeinstellung bildet einen wesentlichen Beitrag zu einem friedlicheren und angenehmeren Zusammenleben für alle Menschen, die guten Willens sind.

GESUNDHEIT, HEILUNG, CHAKREN, EDELSTEINE

Fr.: ***Es gibt die Ansicht, daß alle Krankheiten selbst verursacht seien. Trifft das zu ?***

Aw.: Nein, es sind etwa 80% aller Krankheiten selbst verursacht, der Rest kann auch der Schulung anderer Personen dienen, z.B. für denjenigen, der den Kranken pflegen oder erhalten muß, weil er das meist als Bürde empfindet und darunter mehr oder weniger leidet. Da liegen aber in der Regel persönliche Absprachen vor der Reinkarnation vor, sodaß diese Seelen eine solche Aufgabe ganz bewußt auf sich nehmen.

Aber Krankheit kann auch einfach eine Problemstellung zur eigenen besseren Weiterentwicklung sein. Sie ist jedenfalls immer in ein Gesamt-Erdenkarma eingebettet , auch mit dem Zweck der Reinigung menschlicher Seelen und ist in diesem Sinne eine der gesamten Erde aufgelastete Aufgabe.

Die Menschen haben die Ursachen für die Krankheiten schon früher, vor langer Zeit, gesetzt. Dasselbe gilt auch für generelle Plagen, wie Epidemien, Heuschreckenschwärme, Naturkatastrophen aller Art, Prüfungen, die von Gott zugelassen und für einen bestimmten Kreis von Menschen bestimmt sind, damit gerade diese etwas daraus lernen.

Fr.: ***Fördern Krankheiten in jedem Falle die geistig-seelische Entwicklung des Erkrankten ?***

Aw.: Sie fördern nicht immer vordergründig und direkt die persönliche geistige Entwicklung. Manchmal steht die Abtragung einer Schuld nach dem Gesetz von Ursache und Wirkung im Vordergrund.

Der Erkrankte kann auch karma- und inkarnationsbedingt helfen, die Folgen negativen Handelns aus früheren Zeiten abzutragen.

Fr.: ***Wie wird es mit den Suchtgiftkranken weitergehen ?***

Aw.: Die Drogenszene ist ein recht dunkles Kapitel der Menschheit. Die Süchtigen sind geistig wie mit einer dunklen Wolke umhüllt. Und sie sind von der geistigen Welt etwas zur Seite geschoben, sozusagen kaltgestellt und müssen viel Negatives abarbeiten.

Es sind karmische Belastungen, die sie auf diese Weise zu spüren bekommen und die ihnen das Negative bewußt machen. Sie werden zwar von den Jenseitigen beobachtet, aber man läßt sie als karmische Schulung und Abtragung im eigenen Saft schmoren. Aber man achtet von oben darauf, daß das ganze Problem nicht zu sehr zunimmt. Es wird begrenzt bleiben.

Seelisch-geistig Abwehrschwache werden auch oft von erdgebundenen Geistwesen besetzt, die ihre eigenen Süchte dann auf dem Umweg über den Besessenen befriedigen, weil sie keinen eigenen Körper mehr haben, aber ihre frühere Sucht noch nicht ablegen konnten.

Sie ist in diesen Fällen zu sehr in der Psyche verankert, und die Seele hat sie als psychische Belastung in das Jenseits mitgebracht. Hier muß sie diese Sucht, manchmal auch nur die Erinnerung an die Befriedigung der Sucht, durch entsprechende Erkenntnis und eigenes Bemühen erst wieder los werden. Bis dahin versuchen manche, an der Suchtbefriedigung labiler Erdenmenschen dadurch teilzunehmen, daß sie diese besetzen, damit deren Sucht verstärken, um sie zu ihrer und der Geistwesen Befriedigung zu veranlassen.

Fr.: ***Wir kennen eine Methode der Fernheilung, bei der wir in unserer Vorstellung die kosmisch-geistige Heilkraft durch das geöffnete Scheitelchakra in uns einfließen lassen und dann durch das geöffnete Herzchakra wie einen Laserstrahl an den Patienten senden. Ist diese Methode gut oder kennst Du eine bessere ?***

Aw.: Ich möchte nicht sagen, eine bessere. Aber eine andere, welche die eigenen Kräfte besser schont.

Man läßt gedanklich die Kräfte, die man braucht, durch die linke Hand und den horizontal ausgestreckten linken Arm einfließen. Diese Kräfte kommen dann durch die Aura und durch die Chakren zum Heiler. Dann sendet man gedanklich die Heilkräfte über die rechte Hand zum Heilungssuchenden. Damit kommt der Heilstrom auch über das Scheitelchakra des Heilers herein und geht über sein Herzchakra zum Patienten.

Das muß man in diesem Falle nicht extra visualisieren. Es ist auch richtig, sich vorzustellen, die Heilkraft mit der linken Hand zu empfangen und mit der rechten Hand weiterzuleiten. Die notwendigen Chakrafunktionen treten dabei automatisch ein.

Diese Methode mit den Händen ist besonders dann mehr zu empfehlen, wenn der Heilungssuchende zu wenig eigene Energien hat und aufgeladen werden soll.

Wenn aber die Ursache der Erkrankung am ehesten darin zu sehen ist, daß die Seele des Erkrankten durch geistige oder seelische Blockaden etwas starr geworden ist, dann wird diese Seele durch eine geistige Annäherung über das Herzchakra sozusagen durch die Herzchakra-Wärme erwärmt und im wahrsten Sinne des Wortes bewegt. Auf diese Weise kann die Vorstellung, daß die Heilungsenergie über das Herzchakra ausgesandt wird, sehr zur Heilung beitragen.

Man sollte also unterscheiden, ob eine Seele durch Blockaden verhärtet und dadurch krank ist, oder ob sie zu wenig Energien hat. Wenn sie zu wenig Energien hat aber sonst offen ist, empfiehlt es sich, die Heilungsenergien durch die geistige Vorstellung mit den Händen zum Patienten gelangen zu lassen. Man kann aber auch beides kombinieren.

Wichtiger als die korrekte geistige Vorstellung ist der innere Wille, der betreffenden Person zu helfen. Diese innere Ausrichtung bewirkt dann, daß jene Kräfte wirksam werden, die für den Patienten am besten sind, sofern ihm nach dem Willen der Vorsehung geholfen werden darf und kann.

Wenn die gedankliche Ausrichtung da ist, läuft der geistige Energiefluß automatisch über den vorhandenen Mechanismus ab, wobei es nicht so sehr auf die Heiltechnik, als auf den Heilungswunsch und die schicksalsbedingten Möglichkeiten und Gesetzmäßigkeiten ankommt, und ob die Heilung von höherer Warte erlaubt ist.

Es ist förderlich, wenn der Heilungssuchende sich selbst ebenfalls auf die Geistheilung oder Fernheilung gedanklich einstellt. Man sollte daher vorher mit ihm sprechen und einen Zeitpunkt vereinbaren. Dann kann er an diesen geistigen Heilungsversuch denken, sich ihm seelisch öffnen und damit die Heilungsenergien leichter empfangen.

An Menschen, die von einer geistigen Heilmethode nichts halten, oder sie sogar ablehnen, sendet man die Heilungsenergien am besten zu einem Zeitpunkt, zu dem sie keinen inneren Widerstand leisten, z.B. im Schlaf. Dabei hüllt man sie zunächst gedanklich in Licht und Liebe ein. Im Schlaf ist ihre Seele von jenen Ketten befreit, die sie sich, bildlich gesprochen, im Wachzustand selbst umlegt und die auch die seelische Ursache ihrer Krankheit sein können. Darum wirkt diese Methode in gewissem Umfang immer. Sie tut der Seele gut, wärmt und harmonisiert sie und kann allein schon dadurch die Heilung anregen und fördern.

Fr.: ***Es gibt eine neuere Heilmethode, die Vitalogie genannt wird und den Atlaswirbel behandelt. Was hältst Du von dieser Methode ?***

Aw.: Wenn eine Wirbelverschiebung vorhanden ist - das muß wirklich feststehen - dann ist die mechanische Zurechtrückung durchaus angebracht. Das Problem liegt aber darin, daß damit allein die innere und äußere Haltung des Patienten noch nicht revidiert ist. Es muß deshalb auch daran gearbeitet werden. Man muß feststellen, ob es ein mechanisch-statisches Problem ist, oder ob psychische Blockaden dahinter stehen. Wie der Volksmund sagt: *"Er hat ein Problem am Hals"*. Man muß deshalb diese Erkrankung von verschiedenen Seiten angehen.

Es ist auf dem ganzen Gebiet der Chiropraktik dasselbe: Man kann zwar einen Wirbel einrichten, damit ist aber die Ursache noch nicht behoben, die natürlich nicht immer psychischer Natur sein muß. Es können auch gewisse körperliche Schwachpunkte sein, wobei sich aber immer auch die Frage stellt, welche eventuellen geistigen Ursachen hinter diesen Schwachpunkten stehen.

Die Feststellung dieser geistigen Ursachen ist meist das Schwierigste. Eine sinnvolle Kräftigung durch entsprechende Medikamente oder eine physikalische Therapie oder was immer im Sinne der Schulmedizin erfolgversprechend gemacht werden kann, ist stets auch angebracht und meistens sehr hilfreich. Die körperliche Besserung hilft durch eine Art Rückwirkung auf die seelische Ursache mit, diese zu beseitigen oder zu bessern.

Jedenfalls sollte man sich als Patient auch selbst fragen: Warum ist an meinen Halswirbeln etwas nicht in Ordnung ? Denn es handelt sich ja um Blockaden im wahrsten Sinne des Wortes, und zwar organisch und seelisch.

Durch die Einrichtung des oder der Wirbel kann die Energie wieder besser fließen und man muß dann diesen Energiefluß aufrechterhalten, indem man eventuelle körperliche Ursachen, wie z.B. schlechte Körperhaltung, vermeidet, aber auch psychische Ursachen, wie z.B. Herrschsucht, Gier, Mißgunst, Haß, Neid, aber auch Angst, Minderwertigkeitskomplexe u.a. möglichst beseitigt. Andernfalls stellen sich die Beschwerden bald wieder ein, weil eben die Ursachen weiterwirken.

Bei der Einrichtung von Wirbeln werden außerdem durch die damit verbundenen Manipulationen, besonders die Lockerungs- und Massagegriffe, vom Therapeuten Energie in die Blockaden des Hals-Nackenbereiches geschickt . Dadurch wird der Energiefluß in diesem Bereich angeregt.

Aber die zur endgültigen Aufrechterhaltung des Energieflusses und zur Heilung nötige geistige Umstellung scheitert oft an einer sich im Laufe der Zeit angeeigneten, inneren starren Geisteshaltung, die sich besonders häufig bei älteren Leuten zeigt und eine heilende, psychisch-geistige Einwirkung und eine dauerhafte Besserung des Gesundheitszustandes verhindert.

Fr.: ***Was kann man tun, wenn die seelisch-geistigen Ursachen einer Erkrankung nicht gefunden werden können oder nur noch aus dem Unterbewußtsein als Krankheitsverursacher wirken ?***

Aw.: Die meisten wissen die Ursachen schon, wollen sie aber nicht wahrhaben und wollen sich auch nicht ändern, um ihren eingefahrenen Trott nicht verlassen zu müssen. Damit handeln sie sich selbst eine gewisse Blindheit gegenüber diesen Dingen ein, ohne es genau zu erkennen.

Manchmal blicken sie, bildlich gesprochen, durch eine absichtlich gefärbte Brille und müssen dann durch Leid die nötige Erfahrung machen, wozu auch die Krankheit dienlich sein kann. Allerdings kann ihnen schon von der schicksalhaften Bestimmung her eine rechtzeitige Erkenntnis verwehrt sein, um die vorgesehenen Entwicklungsvorgänge nicht abzuschwächen, die sehr oft in größerem Umkreis ablaufen und nicht nur den betreffenden Hauptbeteiligten allein berühren.

Es kommt sogar vor, daß man einen Lernprozeß auf dem Umweg über die Erkrankung eines Angehörigen durchmachen muß oder beides kombiniert auftritt und der Erfolg und damit der Wegfall der wahren Ursache auch in der Veränderung anderer Personen liegt.

In solchen Fällen wird z.B. durch die Notwendigkeit einer Therapie, Betreuung und Pflege die Willensbildung nahestehender oder verantworlicher Personen und des Kranken selbst positiv angeregt und gestärkt. Durch den auf diese Weise gestärkten Willen wird auch die Gesamtpersönlichkeit der Beteiligten positiv beeinflußt. Die verbesserte Willenskraft und positive Tätigkeit bringen für alle erhöhte innere Energie mit sich. Dienen und Hilfe entgegennehmen stellen dabei Lernprozesse dar.

Manchmal ist es schwierig, die wahren Ursachen einer Erkrankung und deren Zusammenhänge zu erkennen. Diese Zusammenhänge können sehr komplex und schwer durchschaubar sein. So ist es auch verständlich, daß in vielen Fällen aus für den Heiler unerfindlichen Gründen eine Krankheit nicht geheilt werden kann, oder darf.

Fr.: ***Welche wichtigen medizinischen Fortschritte wird es in naher Zukunft geben ?***

Aw.: Die Schulmedizin im heutigen Sinne wird eine Art Kollaps erleiden. Die Krankheiten, die sich ja auch verändern und eine gewisse Entwicklung mitmachen, werden schulmedizinisch immer weniger beherrschbar. Das muß auch kommen, um die Menschheit auf die geistigen Hintergründe aufmerksam zu machen.

Es sind bereits Ansätze für die Erkenntnis vorhanden, daß viele Krankheiten zu einem wesentlichen Teil seelischer Natur sind, oder seelische Ursachen haben. Das

Bestreben, sich mehr um das Wesen und die Seele des Patienten zu kümmern, wird dahin führen, daß sich die Schulmedizin umstellt. Dazu ist die sogenannte Ganzheitsbehandlung bereits ein hoffnungsvoller Ansatz.

Diese Entwicklung wird sich fortsetzen, und, wenn der Kollaps der Apparate- und Medikamenten-Medizin eintritt, steht die Alternative bereits zur Verfügung. Bis dahin werden noch mehr *"unheilbare"* Krankheiten im Sinne der Schulmedizin auftreten. Das wird die Menschen dazu zwingen, die Hintergründe der Erkrankungen genauer zu erfassen.

Man wird feststellen, daß viel mehr Krankheiten, als man jetzt annimmt, psychosomatischer Natur sind, und daraus die Konsequenzen ziehen. In der Folge werden dann verschiedene Krankheiten gar nicht mehr in Erscheinung treten. Man wird sich verstärkt um eine Verbesserung der Umweltstruktur im weitesten Sinne bemühen, weil man erkennt, daß die Giftbelastung der Umwelt, sobald sie ein gewisses Maß erreicht, einem allgemeinen Siechtum Vorschub leistet. Denn Luft, Wasser und alle Nahrungsgrundlagen führen, wenn sie nicht mehr rein und unverdorben erhältlich sind, zu einem schleichenden Siechtum und zu verschiedensten Krankheiten.

Dieser Erkenntnisprozeß ist bereits im Gange und sobald seine Ergebnisse Allgemeingut werden, wird man sich stärker bemühen, die erkennbaren, äußeren Ursachen für die Umweltverschmutzung genauer zu erfassen, und, soweit sie beherrschbar sind, auszuräumen.

Fr.:* *Wie weit ist der heutige Sport gesundheitsfördernd ?

Aw.: Soweit der Sport dem Ausübenden Freude macht, keine dauernde Überanstrengung verlangt, andere Beteiligte nicht geschädigt werden und kein Doping stattfindet, ist er sicherlich gesund für Leib und Seele.

Hingegen ist der heutige Spitzensport mit seinem übertriebenen Training und einem fast unerläßlichen Doping für die Gesundheit ruinös und geht an der Eigentlichkeit sportlichen Tuns vorbei. Die Sportidee wurde dem materiellen Geschäfts- und Profitdenken geopfert.

Der heutige Spitzensport bringt ein Streßdenken mit sich, wobei man die Gesundheit zur Befriedigung des Strebens nach Geld, Macht und Ehre mißbraucht. Das ist eine niedrige, eitle und anmaßende Einstellung aller Beteiligten. Der Körper läßt sich das nur kurze Zeit bieten.

Das Doping wird noch kulminieren, ehe es eines Tages zerplatzt. Es liegt im Wesen solchen Tuns, daß es ausufert, bis es an eine Grenze stößt, die nicht mehr überschreitbar ist. Dann fällt das ganze Doping-Syndrom in sich zusammen und dann fragen sich alle, warum man das eigentlich so lange gemacht hat. Aber bis dieses Umdenken kommt, wird der Spitzensport noch weiter auf die Spitze getrieben, weil im Hintergrund eine negative Denkweise steht, sei es die Profitsucht des Einzelnen oder das Machtstreben ganzer Gruppen. Am Ende wird daher der Untergang des Spitzensports stehen. Das ist das Gesetz allen Mißbrauchs.

Fr.: ***Bei manchen Heilungstechniken werden auch die Chakren einbezogen.***
Was sind Chakren eigentlich ?

Aw.: Das sind energetische Konzentrationspunkte, in die die kosmische Kraft einfließt. Im Grunde ist der ganze Astralkörper für die kosmischen Energien aufnahmefähig und wird von ihnen durchflutet.

Die Chakren des Körpers sind Zentralpunkte mit besonderer Aufnahme- und Aussendefähigkeit für geistige Schwingungen.

Fr.: ***In der Literatur wird bei der Aufzählung der sieben Hauptchakren nicht selten das Wurzelchakra ausgelassen und dafür ein Milzchakra erwähnt.***
Gibt es da Unterschiede ?

Aw.: Das Milzchakra ist dem Wurzelchakra zugeordnet. Dieses Chakra hat eine Doppelfunktion, nämlich die Steuerung der Hormone zur Erhaltung der Fruchtbarkeit und die Steuerung der geistigen Kreativität, des Standhaltevermögens und der Durchsetzungskraft des Menschen.

Fr.: ***Kann man den Chakren bestimmte Hauptfarben zuordnen ?***

Aw.: Ja, aber diese Hauptfarben treffen nur für das Zentrum eines jeden Chakras zu, sind irisierend und wechseln mit der Schwingungsfrequenz der Chakren entsprechend deren energetischem Zustand. Außerdem weisen sie individuell von Person zu Person verschiedene Abweichungen und Änderungen auf, so wie eben die Menschen ein verschiedenes Aussehen haben können.

Die Farben, welche von hellsichtigen Betrachtern den verschiedenen Chakren zugeordnet und in der Fachliteratur beschrieben sind, treffen nur auf eine Art Grundausstattung der Chakren zu, soweit eben die Grundfunktionen der Chakren bei allen gleich sind.

So, wie jeder Mensch zwar Kopf, Rumpf, Arme und Beine hat, die individuelle Unterschiede aufweisen können, so verhält es sich auch mit den Farben der Chakren. Darüberhinaus sind diese Farben auch noch vom jeweiligen Geistes-, Charakter-, Gemüts- und Kräftezustand des Betreffenden abhängig.

Jedes Chakrazentrum besitzt seine eigene Grundfarbe, die von Hellsichtigen auch richtig gesehen und erkannt wird.

Die Unterschiede und Veränderungen beziehen sich im

Wesentlichen auf die um das Zentrum herum angeordneten Farbpartien und Schattierungen. Die Farben bewegen und verändern sich, gehen an den Rändern ineinander über und sind Ausdruck fluktuierend sich verändernder Energien.

In die Chakren fließen die entsprechenden Kräfte auf verschiedenen Schwingungsebenen ein. Jedes Chakra zieht die ihm entsprechenden Energien an und die Schwingungen dieser Energien bedingen die verschiedenen Farben. Je höher die Schwingungen, umso heller die Farben.

Das Scheitelchakra z.B. sollte weiß oder goldfarben sein. Die Chakrafarben werden ebenso durch die jeweiligen Gedanken des Menschen beeinflußt. Deswegen sind diese Farben nicht gleichmäßig und gleichbleibend, sondern veränderlich fluktuierend.

Wenn man sich stark geistig beschäftigt, strahlt das Scheitelchakra stärker als z.B. das Basis- oder Steißbeinchakra, weil in diesem Falle die Energie im Scheitelchakra zu diesem Zeitpunkt gerade stärker gebündelt ist.

Bei höheren Gedanken sind die Farben heller und bei niedrigeren Gedanken verdunkeln sie sich. Liebe oder Haß zu allem Lebendigen und allen Dingen beeinflussen hauptsächlich die Farben des Herzchakras.

Im Kronen- oder Scheitelchakra ist mehr die geistige Auseinandersetzung mit dem Kosmischen, Göttlichen maßgebend im Sinne einer inneren, ehrfürchtigen, anbetenden Hinwendung zur göttlichen Schöpfungsidee und Urlebensenergie. Das findet seinen Ausdruck auch darin, daß man z.B. sein Scheitelchakra vor dem Nächsten achtungsvoll neigt und ihm die göttlichen Energien zuwendet.

Fr.: ***Dient das Scheitelchakra auch der Aufnahme von Eingebungen ?***

Aw.: Wenn der Mensch über ein Problem nachdenkt, gibt es gedanklich-energetische Turbulenzen im Gehirn, welche sich ähnliche Frequenzen suchen, die dann einstrahlen können. Wenn sich diese Schwingungen ergänzen, kommt es zu einer zündenden Idee.

Das Wissen ist im gesamten All vorhanden und wenn die Anziehungskräfte der Gedanken des Suchenden oder Forschenden sich in ihrer Frequenz mit den Schwingungen einer bestimmten Erkenntnis decken, kommt der bekannte Aha-Effekt zustande. Es formt sich dann ein energetisches Bild im Gehirn. An diesem Vorgang ist das Scheitelchakra nicht allein beteiligt.

Das benachbarte Stirnchakra hat auch damit zu tun und dient vor allem der Lebensenergie-Verbindung. Es fließen dort sanfte, liebevolle Energien ein, in die auch die Hellseh-Energie eingebettet ist. Die Hauptaufgabe des Stirnchakras ist diese liebevolle Verbindung mit der Urlebensenergie, die den Menschen am Leben erhält. Es vereinigen sich in diesem Chakra mehrere Funktionen, wie in jedem geistigen Zentrum.

Das volle Funktions-Spektrum ist nur schwer faßbar, sodaß jede Erklärung lückenhaft bleibt und eine Einschränkung gegenüber der Vielfalt der Möglichkeiten und gegenseitigen Einwirkungen bedeuten muß.

Die Energiezonen der Chakren sind gegeneinander nicht scharf abgegrenzt, sondern überschneiden und ergänzen sich gegenseitig. Nur, wenn Harmonie im Zusammenwirken der Chakren im ganzen System herrscht, können Eingebungen durch das Scheitelchakra einfließen.

Zwischen den einzelnen Chakren besteht entlang der Wirbelsäule ein ständiger Energiefluß wie ein zentraler, strahlender Strang. Von diesem Energiestrang aus fließen dann Energiefelder überallhin in die Aura, die den ganzen Körper durchwirken. Dazu kommen über die Aura auch von außen Energien, welche, wenn sie mit den inneren Energien übereinstimmen und harmonieren, übernommen und wie bei einem Wasserstrudel eingesogen werden.

Fr.: ***Im Zusammenhang mit den Chakren wird in der Esoterik und in der Parapsychologie auch die Kundalini-Schlangenkraft oder das Kundalini-Feuer erwähnt. Was kannst Du uns aus Deiner Sicht dazu sagen?***

Aw.: Das ist die Zentralkraft, eine Art Energieknoten. Das Bild einer Schlange ist eine zu materielle Vorstellung.

Der Ausdruck *"Kundalini-Feuer"* entspricht eher. Es ist eine geballte Kraft, die in alle Chakren und überallhin fließen kann. Diesen Energiefluß und sein Zentrum im Steißbein-Chakra kann man durch geistige Vorstellung stärken und aktivieren. Man visualisiert, wie die Energie z.B. als heißer Lebensstrom vom Basischakra der Wirbelsäule entlang zum Scheitelchakra aufsteigt, dort zusätzlich Energie aus dem Kosmos in sich aufnimmt, zum Basischakra zurückfließt, die zusätzliche Energie dort deponiert und wieder aufsteigt, um neue Energie zu holen.

Diese Vorstellung fördert den natürlichen Energiefluß in beiden Richtungen und stärkt das innere Wissen von der eigenen Kraft als Grundlage für geistige und körperliche Gesundheit und besseres Wohlbefinden.

Dieser Vorgang kann noch durch eine geeignete Atemtechnik unterstützt werden. Man stellt sich vor, daß die Kundalinikraft beim Einatmen durch die Wirbelsäule aufsteigt und beim Ausatmen wieder herabsteigt und Energie deponiert. Das Ganze bewirkt auch eine allgemeine Reinigung des gesamten Körpers.

Fr.: ***Kann man den Chakren einzelne spezielle Funktionen zuordnen ?***

Aw.: Ja, z.B. gibt das Sonnengeflecht-Chakra, auch Nabelchakra genannt, wenn es gut funktioniert, innere Gelassenheit. Es ist ein Schaltchakra, das im Sinne einer Harmonisierung nach oben und unten wirkt.

Auch das Kehlkopf-Chakra ist ein Schaltchakra und zwar zwischen Scheitel- und Herz-Chakra, hat aber auch noch eine weitere Funktion, nämlich die geistige Zuwendung zum Nächsten durch das Zueinandersprechen. Man öffnet sich dadurch dem Nächsten und stellt über die Sprache eine geistige Verbindung her.

Über das Herz-Chakra hingegen kommt eine - wortlose - liebevolle Ausstrahlung zustande, die derjenige empfinden kann, dem sie zugedacht ist.

Die Mittelstellung des Kehlkopf-Chakras ermöglicht eine Kombination Sprache - Gefühl. Diese Kombination ist notwendig, um sich dem Nächsten verständlich zu machen und ihm auch innerlich näher zu kommen.

Viele Menschen haben, manchmal karmisch bedingt, von einem früheren Entwicklungsstadium her innere Blockaden und wollen sich einem anderen nicht mitteilen. Eine solche Zurückhaltung aus ichbezogenen Motiven, das Nicht-Hergeben-Wollen von innerem Gut fördert nicht zuletzt auch Hals- und Erkältungskrankheiten. Durch die länger andauernde Zurückhaltung werden die Energien im Hals-Chakra aufgebraucht.

Das gilt auch, wenn man anders spricht, als man denkt. Das führt oft zu Heiserkeit, belegter Stimme und anderen unguten Hals-Zuständen, aber auch zu Erschöpfungserscheinungen.

Dem kann man durch eine verstärkte Zuwendung dem Nächsten gegenüber entgegenwirken. Diese geistige Zuwendung hat nichts damit zu tun, ob man mit jemandem viel oder wenig spricht. Es ist nämlich möglich, mit jemandem stundenlang äußerlich liebevoll zu sprechen und sich trotzdem innerlich von ihm zu distanzieren. Es geht aber eben um eine echte, innere Zuwendung, die mit dem gesprochenen Wort nicht unbedingt etwas zu tun haben muß. Auf der anderen Seite besteht das Äquivalent in einer entsprechenden seelischen Aufnahmebereitschaft.

Fr.: ***Haben auch Edelsteine oder Halbedelsteine eine heilende Wirkung ?***

Aw.: Diese Steine sind, genauso wie auch die Pflanzen und Tiere, eine geschlossene Schwingungsgruppe für sich. Bei der Edelsteintherapie nutzt man die Eigenschwingungen dieser Steine.

Wenn ein Mensch entsprechend sensibel und damit geeignet ist, die Schwingungen aufzunehmen, die diese Steine feinstofflich ausstrahlen, dann wirken diese Steine stärkend und heilend.

Steine können überdies genauso, wie Pflanzen, durch gute Gedanken, egal in welcher Form und auch mit Licht oder Musik positiv aufgeladen werden. Das tut ihnen gut. Stein- oder Glaskugeln sind im Grunde neutral, weil ihre positive Energie in sich selbst ruht.

Größere Edelsteindrusen machen die Schwingungen im Raum für mediale Zwecke besser geeignet. Die medialen Schwingungen werden auch durch Karneol, Lapislazuli, Mondstein oder Amethyst gefördert, die, wenn sie nicht zu klein sind, schon aus sich heraus stark wirken.

Alle diese Schwingungen können von den Menschen individuell unterschiedlich stark aufgenommen werden und sind daher unterschiedlich wirksam.

Es gibt auch Edelsteine, denen man negative Kräfte nachsagt, z.B. daß die Besitzer oder Träger des Steines eines unnatürlichen Todes starben oder anderweitig vom Unglück verfolgt waren. Es gab und gibt auch Steine, die keine positiven Schwingungen haben, weil sie negativ aufgeladen sind. Das kann mit dem Fundort zusammenhängen, denn es gibt nicht nur Orte mit positiver Schwingung, wie z.B. die bekannten Orte der Kraft, sondern auch Orte mit negativen Erscheinungen, wie z.B. das Bermuda-Dreieck.

Die Steine sind zunächst mit den Schwingungen des Fundortes behaftet und diese können positiv oder negativ sein. Daneben können negative Schwingungen ebenso, wie die positiven , auf Steine projiziert und diese damit aufgeladen werden. Weltweit bekannt wurden negative Begleiterscheinungen bei Trägern besonders wertvoller Edelsteine. Negative Charaktereigenschaften übertragen ihre Schwingungen gleichermaßen wie die positiven Eigenschaften auf die von den betreffenden Personen getragenen oder im Mittelpunkt ihrer Gedanken stehenden Steine.

Sie können auch schwarzmagisch aufgeladen sein, um jemandem zu schaden oder weißmagisch, um zu helfen und zu heilen. Man sollte deshalb Schmucksteine aller Art stets liebevoll betrachten und behandeln. Damit können negative Schwingungen, falls der Stein solche haben sollte, kompensiert und bei längerer Behandlung sogar in positive umgewandelt werden. Das gilt im übrigen teils mehr, teils weniger auch für andere Gegenstände.

SCHLAF UND TRAUM

Fr.: ***Man nennt den Schlaf den kleinen Bruder des Todes. Hat der Tiefschlaf eine gewisse Ähnlichkeit mit dem Zustand nach dem Tode ?***

Aw.: Durch die tiefe Entspannung im Tiefschlaf erhalten in erster Linie der Körper und sein Nervensystem Kraft. Seele und Geist brauchen zu diesem Zeitpunkt keine zusätzliche Kraft und sind meist froh darüber, daß der Körper tief schläft und sie selbst frei sein können. Aber sie bleiben ständig mit dem Körper verbunden, überwachen seine Funktionen und halten sie aufrecht. Das ist der wesentliche Unterschied zwischen Tiefschlaf und Tod.

Fr.: ***Kann man das Traumbewußtsein trainieren, um sich besser und öfter an die Träume erinnern zu können ?***

Aw.: Die menschliche Seele kennt in ihrem Unterbewußtsein die Träume und ihre Bedeutung. Sie läßt in der Regel das, was sie im Traumland durchlebt, im Unterbewußtsein zurück. Dort gehören die Träume auch hin und sollen im allgemeinen dort bleiben, damit sich die Seele im Wachbewußtsein besser und mit aller Energie auf das irdische Leben konzentrieren kann.

Beim Träumen lebt man in einer anderen Schwingungsebene und man soll diese nicht absichtlich mit der wachbewußten Realität vermischen. Es ist besser, sich vor dem Schlafen vorzunehmen, im Traum Probleme durchzugehen und mit der im Traum wirksamen, besonderen Energie zu bewältigen. Man kommt dann mit einer inneren Befriedigung, deren Ursache das Wachbewußtsein nicht kennt, zurück und kann die betreffenden Aufgaben besser bewältigen.

Wenn man zu sehr auf seine Träume achtet, träumt man nur halb so intensiv und kann seine irdischen Aufgaben nur halb so gut erfüllen. Beides durchwirkt sich und man ist in beiden Phasen nur mit halber Kraft, weil das eine das andere abschwächt.

Wer tief schläft und sich an seine Träume nicht oder nur selten erinnern kann, dessen Psyche ist durch den Schlaf besser gestärkt und somit widerstandsfähiger. Er macht es richtig. Man soll also das Traumbewußtsein nicht trainieren.

Fr.: ***Es sind Fälle bekannt geworden, in welchen ein Mensch ohne Schlaf gelebt hat. Ist der Schlaf lebensnotwendig oder lebenverlängernd ?***

Aw.: Es ist vorgekommen, daß ein Mensch sich in eine bestimmte Schwingung gebracht hat, die das ermöglicht. Dabei hat dann das Unterbewußtsein dem Körper eine Normalfunktion aufoktroiert, so, als ob alles in Ordnung sei, und die Körperzellen richten sich in solchen Fällen danach. Das ist der Hintergrund einer solchen Situation. Sie ähnelt einem Hypnosezustand des Körpers mit dem Auftrag, ohne den Wach-Schlaf-Rhythmus zu arbeiten.

Normalerweise ist aber die Polarität , nämlich Schlaf als höchste Ruhe, und Gegenpol zum Wachsein als höchster Aktivität, für den energetischen Ausgleich notwendig, um das System der Bipolarität aufrechtzuerhalten und kreative, zündende Schaffenskraft im weitesten Sinne zu ermöglichen. Denn das Auf und Ab, wie bei der Sinuskurve, erzeugt die Spannung. Das zu wissen, ist sehr wichtig. Ohne diese Spannung kann keine schöpferische Energie entstehen.

Der Mensch wird daher ohne Schlaf schwach und krank. Jede Zelle pendelt in dieser Bewußtseinsfrequenz, nämlich aktiv sein - nicht aktiv sein. Man meint, im Wachzustand wäre immer alles an einem wach. Das ist nicht wahr. Einzelne Teile können, wenn auch oft nur für kürzeste Zeit, inaktiv, in einer Art Erholungszustand sein, ohne daß wir uns dessen bewußt sind. Es herrscht ein ständiger Rhythmus, auch außerhalb des Wechsels zwischen bewußtem Wachsein und normalem Schlaf.

Selbst das Wachbewußtsein unterliegt einem steten Rhythmus, aber die Frequenz zwischen Dasein und Wegsein ist so schnell, daß man sie nicht wahrnimmt. Dieser schnelle Wechsel bringt dem Wachbewußtsein die nötige Spannung und Kraft.

Fr.: ***Wie läßt sich der Traum in dieses System einordnen ?***

Aw.: Da sind verschiedene Ebenen, in welche die Seele abtaucht, wenn sie sich etwas vom Körper löst. Wenn der Traum sehr intensiv ist, nimmt die Seele auch die entsprechenden Frequenzen des Körpers in den Traum mit, wird von diesen Schwingungen, die mit allen möglichen Erinnerungen, Erlebnissen oder Ideen zusammenhängen können, erfaßt und tanzt förmlich in diesen Frequenzen. So entstehen auch meistens die Alpträume, die Wunsch- und Sehnsuchtsträume mit all ihren, manchmal sonderbar scheinenden Aspekten. Die Seele bewegt sich in diesen Frequenzen und erzeugt so die Bilder im Gehirn.

Fr.: ***Ist die Tageszeit oder Nachtzeit, während der man sich im Schlafzustand befindet, von besonderer Bedeutung für die Gesundheit ?***

Aw.: Die Nachtarbeit ist nicht unbedingt gut, denn die kosmischen Einstrahlungen sind in der Nacht andere als am Tag. Der Mensch kann sich zwar durch Gewöhnung umstellen, trotzdem schwächt es den Organismus.

Es ist individuell verschieden, zu welcher Nachtzeit der Schlaf am erholsamsten ist. Im allgemeinen ist der Schlaf gegen 24.00 Uhr am tiefsten. Um 01.00 Uhr beginnen häufig die Astralreisen. Die Seele ist dann bis gegen 3.00 Uhr unterwegs. Der Körper beginnt um etwa 4.00 Uhr sich wieder nach seiner Seele zu sehnen. Diese verspürt das wie ein leises Frösteln, wird dadurch an den Körper gemahnt und sehnt sich auch ihrerseits wieder nach dem Körper. Wenn im Körper Unruhen sind oder wenn er gestört wird, kehrt die Seele sofort wieder zurück.

Wenn die Seele außerhalb des Körpers ist, kann sich dieser erholen. Es ist für beide Teile angenehm, sich kurzzeitig zu trennen, ähnlich wie z.B. bei einem Ehepaar, wenn ein Partner einige Zeit auf Kur geht. Aber das Zusammengehörigkeitsgefühl vereint sie wieder und beide Teile freuen sich darüber. Die zurückkehrende Seele sieht sich zuerst im Körper um, ob alles in Ordnung ist und beruhigt etwaige körperliche Unruhen. Das alles geschieht im Normalfalle, wenn keine besonderen Störfaktoren, wie etwa Streßfolgen, Lärm, Verdauungsbeschwerden, Harndrang u.dgl. vorhanden sind. Die Seele bedauert es, wenn sie durch solche Störungen zur vorzeitigen Rückkehr gezwungen ist, denn sie liebt es, sich in Ruhe harmonisch wieder mit dem Körper in volle Deckung zu bringen.

Der Körper kann ebenso wie die Seele Gefühle der Freude oder der Sehnsucht haben, denn das sind Äußerungen der Lebensenergie, die sich in allen Zellen des Körpers befindet. Unabhängig von der Seele hat sie Empfindungen, hält den Körper auch ständig in Funktion und überwacht ihn. Erforderlichenfalls löst sie Alarm aus und ist als Zellenbewußtsein wirksam. Sie ist eine im Körper allgegenwärtige Energie.

***Fr.:* Was beeinflußt eigentlich alles die Träume ?**

Aw.: Das ist sehr weit gefächert. Zunächst einmal der Zustand der Seele an sich. Dann das innere Gewissen, ob man seine Lebensaufgabe und die vielen kleinen, täglichen Aufgaben, die einem gestellt werden, für die eigene Seele befriedigend erfüllt hat oder nicht. Dazu kommen Wunschvorstellungen der Seele, die in der Realität des irdischen Lebens nicht erfüllt werden.

Die Seele braucht aber diese Erfüllung, um sich wohlzufühlen. Sie löst sich dann von dem fast unerträglichen

Zustand der Unerreichbarkeit dieses Zieles und erlebt die Erfüllung für sich im Traumzustand als real. Dadurch, daß dieses starke Wollen in der Seele ausgelebt und realisiert wird, kann auch Depressionen vorgebeugt werden.

Die Träume sind eigentlich wie ein Tanz der Seele, die in sich schwingt und sich wohlfühlt. Die damit verbundenen Gefühle steigen dann als Traumbilder auf und werden als solche vom Gehirn wahrgenommen.

Fr.: ***Warum erinnert man sich an manche Träume und an andere nicht ?***

Aw.: Das hängt davon ab, wie weit die Traumphase oder der Traumzustand vom Wachbewußtsein entfernt ist. Wenn die Seele sich sehr leichtfrequent in einem starken Gegensatz zu dem im Schlaf infolge der Ermüdung sehr schwer- oder materiellfrequent daliegenden Körper befindet, dann ist nur eine sehr feine, zarte Verbindung vorhanden und das Erinnerungszentrum des Gehirns nimmt die Traumeindrücke nicht wahr oder behält sie nicht.

Wenn aber die Körperhaftigkeit sehr gelockert ist, ein Zustand, der auch durch Fasten oder entsprechende Übungen erreicht werden kann, dann wird diese Körperhaftigkeit transparenter, die Verbindung zwischen Seele und Körper ist stärker und das gesamte Körperbewußtsein nimmt am Erleben der Seele teil. Wir haben dann das Gefühl, daß sich das ganze Traumgeschehen im Gehirn abspielt.

Alles hängt mit den seelischen und körperlichen Schwingungen und zwischen diesen beiden Gruppen vorhandenen und sich verändernden, teilweise sich gegenseitig durchdringenden, teilweise verstärkenden und teilweise abschwächenden, immer aber sich gegenseitig beeinflussenden Beziehungen zusammen. Diese Beziehungen werden sehr stark von den eigenen seelischen und körperlichen Erlebnissen und dem eigenen Denken geprägt. Das eröffnet alle Traum-Möglichkeiten, vom beseligenden Traumerlebnis bis zum schweißtreibenden Horrortrip.

Fr.: ***Sind die Traumsymbole, die in der Literatur über Träume erwähnt werden, ident mit den Archetypen des Schweizer Psychologen Carl Gustav Jung ?***

Aw.: Ja, das Schema, das sich C.G.Jung entworfen hat, ist zur Verbildlichung des Traumgeschehens gut. Es werden ähnlich, wie bei einem Horoskop die Stellungen der Sternbilder und Planeten, die vorhandenen Schwingungsverhältnisse in Symbolbilder gekleidet und aus Erfahrungswerten oder, wie es hauptsächlich bei sehr medial veranlagten Traumdeutern geschieht, intuitiv gedeutet.

Die Archetypen und auch die vielen anderen Traumdeutungsbilder können nur einen kleinen Teil des ganzen Traumgeschehens erfassen, wie die Spitze eines riesigen Eisberges nur einen kleinen Teil des Geschehens sichtbar macht. Aber sie können, wie ein Schlüssel, der zum Schloß paßt, die Türe zum Traumverständnis öffnen. Die großen Arcanas im Tarotspiel bieten als archetypische Symbole eine weitere, sinnvolle Auslegungsmöglichkeit für Traumbilder.

ASTRALWANDERUNG (SEELENREISE)

Fr.: ***Ist die Astralwanderung ein ähnlicher Vorgang, wie der Tod, nur ohne Abtrennung der sogenannten Silberschnur ?***

Aw.: Der Astralkörper des Menschen ist mit seinem materiellen Körper durch ein Energiefeld verbunden, das man am besten als bio-energetische Kraft bezeichnen kann.

Bei einem Austritt des Astralkörpers aus dem materiellen Körper bleibt diese energetische Kraft als Verbindung zwischen den beiden Körpern aufrecht und wurde von Hellsichtigen als pulsierende Schnur wahrgenommen und geschildert.

Solche Wahrnehmungen sind seit dem Altertum bekannt. In der Bibel wird diese Verbindung als *"Silberschnur"* bezeichnet. Ihre Durchtrennung hat den Tod des materiellen Körpers zur Folge.

Bei einer Astralwanderung wird die Silberschnur durch die Lebenskräfte, welche Leib und Seele zusammenhalten, festgedreht und festgehalten. Sie ist so durch die Kraft des lebenden Körpers stabil und dehnbar.

Fr.: ***Uta, hast du selbst in deinem Leben einmal eine solche Astralreise erlebt, an die du dich erinnern kannst?***

Aw.: Ja, in etwa. Dabei begegnete mir mein verstorbener Großvater. Er hatte einen dunklen Anzug an und trug eine weiße Fliege. Wir gingen auf dem Weg unterhalb unseres Hauses spazieren und ich fragte ihn, wo er denn jetzt sei. Da deutete er auf seine weiße Fliege und sagte: *"Da lebe ich jetzt"*. (Er hatte im Leben gerne Fliegen getragen, aber nie weiße.)

Ich fragte weiter: *"Ja wo?"* Da zeigte er mir eine Art Villen-Vorort mit kleinen Bungalows in Hanglage mit Gärten. Es waren sehr gepflegte Einfamilienhäuser. Er zeigte auf eines und sagte: *"Da wohne ich jetzt mit noch einem"*. Dann fragte ich nach meiner Oma, seiner Frau. Sie war vor ihm gestorben. *"Die wohnt da nicht, sie wohnt woanders und wir sehen uns nur ab und zu"* antwortete er. Dann wachte ich auf.

Fr.: ***Es wird behauptet, daß man im Tiefschlaf aus seinem Körper herausgehe, um dabei Kraft aufzutanken. Ist das so, lieber Friedrich ?***

Aw.: Ja, durch die tiefe Entspannung im Tiefschlaf kommt die Kraft. Aber der Geist braucht die Kraft nicht. Er bewegt sich im Tiefschlaf frei und kann anderweitig tätig sein. Er ist froh, wenn der Körper schläft und er frei ist. Er kann dann in den geistigen Sphären schweifen, wenn er möchte.

Fr.: ***Wie kann man am besten eine Astralwanderung machen, an die man sich anschließend erinnert, und kann man diese bewußt steuern ?***

Aw.: Eine solche Astralwanderung machen sehr viele, und es stehen dafür auch jenseitige Führer bereit, welche die betreffende Seele an der Hand nehmen und führen, denn diese Seelenreisen Irdischer machen jenen viel Freude. Im Tiefschlaf machen das die meisten Menschen.

Wenn jemand geistig hoch entwickelt ist und versteht, was Astralwanderung bedeutet, kann er seine Seele bitten, dem Gehirn mitzuteilen, was sie bei ihrer Reise erlebt hat, wenn sie das möchte. Wenn das Gehirn und der Körper durch entsprechende Entspannung die Möglichkeit bieten, dann klappt das. Dazu gehört auch eine bestimmte Lebensweise, d.h. der Körper muß entsprechend vorbereitet sein.

Man sollte vor einer bewußten Astralreise schwere Mahlzeiten und Alkohol meiden, damit die Schwingung des Körpers leicht ist. Die meisten Körper sind am Abend müde und schwer und wollen gar nicht mit der Astralreise der Seele konfrontiert werden. Daher wird die Seelenreise vom Gehirn nicht erfaßt. Der Körper will das nicht. Man muß den Körper mit seinem Wachbewußtsein auf die Astralreise vorbereiten. Auch Fasten ist dafür gut.

Die geistigen Räume, in welchen diese Astralwanderungen stattfinden, sind den meisten Seelen bekannt. Sie werden außerdem von den Jenseitigen geführt. Es gibt sogar Gruppenreisen, wobei sich die astralreisenden Seelen und die führenden Jenseitigen gegenseitig an der Hand halten. Sie wissen, wohin sie gehen dürfen und können und wohin nicht.

Es gibt auch Einzelwünsche, zu einer bestimmten Person oder an einen bestimmten Ort im Jenseits außerhalb des generell Erlaubten zu kommen. Dazu ist die Zustimmung oder Erlaubnis höherer Geistwesen nötig, vor allem, wenn man in höhere, göttliche Seinssphären Zugang erhalten möchte. Das kann, besonders bei höher entwickelten Seelen, die geeignet sind und den ehrlichen Wunsch haben, durchaus bewilligt werden.

Ansonsten gibt es so viele Möglichkeiten, in den geistigen Räumen zu reisen, und das ist für die Seelen so interessant, daß sie sich überwiegend damit beschäftigen. Es gibt Fälle, in denen sehr starke Sehnsüchte einer Seele vorliegen oder göttliche Hilfe erbeten wird. Dann kann die Astralreise dazu dienen, das Anliegen z.B. bei einem entsprechenden Heiligen vorzubringen.

Fr.: ***Ist es dabei auch möglich, ganz hohe Wesen, wie Jesus Christus, die Muttergottes, andere Heilige oder Mohammed, Buddha, Konfuzius, Laotse und hohe Führer von Religionsgemeinschaften aufzusuchen und mit ihnen zu sprechen ?***

Aw.: Ja, wenn entsprechende, tiefste Sehnsüchte der Seele vorliegen. Keinesfalls aus Neugier oder eigensüchtigen Motiven, auch nicht aus intellektuellem Informationsdrang, wohl aber, um gerechtfertigte Hilfe zu erhalten oder für andere zu erbitten. Es soll für die Seele Hilfe, Gnade, ein Kraftquell sein, der ihr gut tut. Dabei sind die hohen Kräfte immer dieselben, unabhängig von Religion und Weltanschauung.

Fr.: ***Es kommt häufig vor, daß jemand behauptet, Eingebungen von Gott, Jesus Christus oder der Gottesmutter zu erhalten oder erhalten zu haben. Wie glaubwürdig sind solche Aussagen ?***

Aw.: Das sind, Ehrlichkeit des Betreffenden vorausgesetzt, fast immer Täuschungen, verursacht durch ein starkes Wunschdenken und eine damit verbundene Selbstsuggestion, die sowohl im Wachzustand, in meditativer Entspannung und auch im Traum wirksam werden kann.

Diese Eingebung kann durchaus richtig sein und von einem höheren Geistwesen stammen. Der Empfänger verbindet das ganze jedoch mit seiner erlernten, religiösen oder weltanschaulichen Schablone und den darin verankerten Persönlichkeitsbildern. Das kann zu Mißverständnissen und Täuschungen führen.

Man kann aber durchaus starke, geistige Kräfte empfunden haben, welche die Vorstellung eines hohen Geistwesens hervorrufen. Schon in den unteren jenseitigen Schichten wirken die geistigen Kräfte so stark, daß der Betreffende meinen könnte, er habe mit Gott selbst gesprochen oder ihn gesehen.

Fr.: ***Ist bei Astralwanderungen die Rückkehr immer problemlos und kann sie gesteuert werden?***

Aw.: Die Rückkehr ist nicht immer problemlos. Die Seele kann mit gewissen Ängsten befrachtet die Astralreise angetreten haben, vergißt diese während ihrer Reise und bei der Rückkehr kommen sie wieder und können dann Orientierungsschwierigkeiten verursachen oder zu einem überstürzten, ruckartigen Eintritt in den Körper führen. Die seelische Frequenz bildet mit der Körperfrequenz dabei eine Disharmonie, die ein unangenehmes Angstgefühl mit sich bringt, das Schweißausbrüche verursachen kann. Eine positive Suggestion kann hier hilfreich sein und Schwierigkeiten vermeiden helfen.

Es gibt auch andere Gefahren. Es kann vorkommen, daß die Bindung des Körpers an die Seele schwach ist und sie sich während ihrer Astralreise so wohl fühlt, daß sie ihren Körper vergißt und nicht mehr zurückkehren will. Dann schicken Jenseitige die Seele wieder auf die Erde oder ein irdischer Freund oder Helfer holt sie zurück; oder mahnt sie zur Rückkehr in ihren Körper. Unklarer, plötzlicher Kindstod übernacht kann u.U. so verursacht sein.

Fr.: ***Gibt es auch eine Astralwanderung in die Vergangenheit oder Zukunft ?***

Aw.: Ja, das machen viele. Sie schauen sich die eigene Vergangenheit oder Zukunft an. Das geschieht aber ohne Emotionen. Man hat damit nichts zu tun. Es macht einfach Freude, so wie die verschiedenen Astralräume interessant sind, ist auch der Blick in die Zukunft oder Vergangenheit von großem Interesse. Es ist einem Film ähnlich, den man sich anschaut, sich aber nicht mit Personen oder Handlungen identifiziert.

Da wirkt ein in die Seele *"eingebauter Mechanismus"*, der Belastungen mit diesen Erfahrungen verhindert. Sonst würde durch Reaktionen der Seele der Lebensplan dieser und anderer beteiligter Seelen durcheinander kommen und der vorgesehene Ablauf aller Ereignisse gestört werden. Das ist auch der Grund, daß der Astralwanderer nach der Rückkehr von diesen Dingen nichts mehr weiß.

Bei manchen höher entwickelten Seelen ist diese Sperre etwas gelockert und diese können dann das Erfahrene als Zukunft in ihr Seelenbewußtsein und ihr Gehirnbewußtsein mitnehmen. Dazu muß der innere Wille da sein, das wirklich erfahren zu wollen.

Es ist nur starken Persönlichkeiten anzuraten, für die schmerzliche Ereignisse keine Belastung, sondern eine Bereicherung im weitesten Sinne darstellen, um bei der Bewältigung des Lebensplanes bewußt mitwirken zu können.

Fr.: ***Ist die Dauer einer Astralwanderung begrenzt ?***

Aw.: Ja, sie ist begrenzt. Die Seele nimmt nämlich einen Teil des gemeinsamen Kräftepotentials Seele-Körper, auf das die Seele, solange der Körper lebt, angewiesen ist, auf die Astralreise in Form der bereits erwähnten Silberschnur mit. Durch sie fließt der Seele vom Körper ständig Lebensenergie zu.

Wenn die Seele weit weg geht, kostet das dem Körper Energie. Die Seele raubt Körperenergie, wenn sie für weite Entfernungen und starke Erlebnisse Kräfte braucht. Es kann dann sein, daß der Mensch daher am Morgen danach unwirsch ist, daß sich die Seele auf Kosten des Körpers vergnügt hat, und er fühlt sich nach dem Aufwachen ungut, müde und mißgelaunt, ohne zu wissen, warum. Das Gefüge Seele-Körper schwingt noch etwas disharmonisch, weil das Drüsensystem, das kontinuierlichen Energiefluß und ständige, harmonische Schwingungen benötigt, etwas aus dem Tritt geraten ist. Das betrifft hauptsächlich die Hypophyse und kann vorübergehende Energieverluste zur Folge haben. Nach dem Mittagessen oder dem frühen Nachmittag fühlen sich die meisten jedoch wieder in sich zentriert und gestärkt.

Fr.: ***Kann man sich bei einer Astralwanderung einem normal auf der Erde lebenden Menschen bemerkbar machen ?***

Aw.: Ja, das ist möglich, erfordert aber eine große Energiekonzentration, damit der Betreffende die Anwesenheit der anderen Seele bemerkt. Dabei braucht keine Materialisation stattzufinden. Der Wahrnehmende kann die Seelen-Anwesenheit als Kältehauch, spontanen Gedanken, als Bild vor dem geistigen Auge oder Drang, etwas zu tun, was man ohne Beeinflussung gar nicht getan hätte, empfinden. Diese Wahrnehmung geschieht durch den Emotionalkörper und wird von dort an das Gehirnbewußtsein übertragen.

Der Emotionalkörper ist ein Teil der Aura und kann sich, je nach emotioneller Erregung über die Aura hinaus ausweiten oder aber sich in die Aura hinein zusammenziehen, wenn Gefühlskälte bzw. inneres Frösteln vorherrschen. Der Emotionalkörper läßt in der Aura entsprechende Farben entstehen, die von Hellsichtigen wahrgenommen werden können.

Fr.: ***Kann eine Astralwanderung durch Einnahme von Drogen bewirkt werden ? Wovon hängt es in dem Fall ab, ob es ein guter oder schlechter "Trip" wird ?***

Aw.. Durch Drogen wird das Gehirn-Frequenzgitter verändert. Es wird grobmaschiger und nimmt Eindrücke leichter auf. Um das zu erreichen, benützt das Gehirn die durch Drogen entstehenden disharmonischen Frequenzen, wird aber dabei in seinem Energiekörper gestört, wodurch Zellfunktionen angegriffen werden. Das führt zu teilweise dauerhaften Schädigungen der Gehirn- und anderer Zellen.

Die disharmonischen Schwingungen bewirken, daß die Bilderlebnisse manchmal alptraumartig sind, Angst auslösen und das Ganze als Horrortrip empfunden wird. Es ist die Folge der Zerstörung bestimmter Gehirnzellen und der dadurch entstehenden disharmonischen Schwingungen. Es gibt auch mildere Drogen, die als eine Art Seelenstreichler wirken, wie etwa Mandragora, Bilsenkraut oder auch Wein, wobei es auf Qualität und Qantität ankommt, damit *"ein Ding kein Gift sei"*.

Fr.: ***Welches ist der angenehmste und sicherste Weg, wieder problemlos in den Körper zurückzukehren?***

Aw.: Ein Gebet! Denn ein Gebet wirkt wie eine Schiene, auf der die Seele wunderbar entlanggleiten kann. Es hüllt als geistige Energieform die Seele bis zur Rückkunft ein, verschönert gleichzeitg durch seine harmonische Schwingung die ganze Astralwanderung und erlaubt der Seele einen Höhenflug.

TRANCEZUSTÄNDE

Fr.: ***Wie kann man auf unschädliche Weise Trancezustände herbeiführen ?***

Aw.: Trancezustände kommen nur zustande, wenn das betreffende Medium dazu bereit und innerlich locker ist. Das gilt für die sogenannte Halbtrance ebenso wie für die Volltrance. Unter diesen Voraussetzungen ist die - freiwillige - Volltrance für das Medium unschädlich.

In Volltrance tritt der Astralkörper aus dem Körper des Mediums aus. Er kann dann von außen zuschauen, was mit dem materiellen Körper geschieht und zuhören, was ein anderes Geistwesen aus ihm unter Benützung seiner Sprechorgane spricht. Der materielle Körper und der Astralkörper des Mediums werden gleichzeitig von Geistwesen, denen diese Aufgabe zugeteilt ist, bewacht und beschützt.

Es gibt viele medial für ein Volltrancephänomen geeignete Personen, aber die meisten sind durch materielle, irdisch-seelische Probleme oder innere Ängste so in Anspruch genommen, daß sie nicht oder noch nicht die notwendige innere Ruhe und Entspannung erreichen können. Es sind für solche Phänomene geistige Helfer bestimmt, die jederzeit zur Hilfeleistung bereit sind. Ein Erfolg tritt erst dann ein, wenn das Medium das ernsthaft will, die genannten Voraussetzungen vorliegen und es in seinem Lebensplan vorgesehen ist.

Fr.: ***Wovon hängt es ab, ob ein Medium in Tief- oder Volltrance kommen kann oder nur in Halbtrance ?***

Aw.: Es hängt vom Gehirn ab. Bekanntermaßen gibt es die linke und die rechte Gehirnhälfte, die durch eine Brücke (pons) miteinander verbunden sind. Wenn diese Brücke, die normalerweise wie eine mehr oder weniger geschlosseneTür wirkt, geöffnet ist, dann wird Tief- oder Volltrance möglich.

Dazu sind Entspannungsübungen geeignet, die durch die dabei entstehenden Frequenzen diese Brücke lokkern und für bio-elektrische Schwingungen durchlässig machen. Dadurch können die rechte und die linke Gehirnhälte in gleiche Schwingung kommen, der Bewußtseinsspiegel wird abgesenkt und hindert den Astralkörper nicht mehr am Austritt aus dem materiellen Körper, mit dem er durch die sogenannte Silberschnur weiter verbunden bleibt.

Fr.: ***Gibt es dabei zum Schutz einen sogenannten "Hüter der Schwelle" ?***

Aw.: Ja. Man kann ihn auch das höhere Selbst, Geistführer, Schutzengel oder das Überbewußtsein nennen.

Es ist ein schützendes, personifiziertes, positives Energiefeld, das zum Schutze des Mediums immer aktiv ist. Anders ausgedrückt, eine höhere, entsprechend beauftragte, geistige Wesenheit , die über das Medium wacht, mit dem Überbewußtsein kommuniziert und eine harmonische Verbindung herstellt. Der zum Medium passende *"Hüter der Schwelle"* wird ihm von höherer, jenseitiger Stelle beigegeben. Praktisch zieht der Mensch durch seine Eigenfrequenz den passenden *"Hüter der Schwelle"* an.

Der *"Hüter der Schwelle"*, der besser als Geistführer bezeichnet werden sollte, hat detaillierte Aufgaben, die mit den Eigenschaften des zu beschützenden Mediums abgestimmt sind, die Erfüllung des vorgesehenen Lebensplanes unterstützen und dieses Ziel im Innersten bewußt halten. Er steuert und überwacht auch Lernprozesse, welche die menschliche Seele durchzumachen hat, und gibt entsprechende Intuitionen, damit das vorgeschriebene Lernziel erreicht werden kann. Das geschieht immer in positivem Sinn, wobei Entscheidungen nicht abgenommen werden. Man erteilt nur gute Ratschläge, wie es ein guter Vater oder eine gute Mutter tun, die sich für das Kind verantwortlich fühlen und stets seine positive Entwicklung im Auge haben.

Diese Aufgaben können auf mehrere Geistführer aufgeteilt sein, von denen jeder für eine bestimmte Richtung oder Situation vorgesehen und dafür spezialisiert ist. Diese geistigen Wesen kennen sich auf dem betreffenden Gebiet, meist auf Grund eigener Erfahrungen in einem früheren Erdenleben, oder weil sie auf dem entsprechenden Sektor eigens geschult wurden und dadurch in der Lage sind, dem Schützling durch geeignete Eingebungen hilfreich zur Seite zu stehen, gut aus.

So kommen für Leute, die sich als Medien betätigen, andere Geistführer in Betracht, als für Partnerschafts- oder Berufssituationen. Auch die Erreichung einer höheren Entwicklungsstufe kann mit einem Wechsel der Geistführer verbunden sein. In manchen Fällen werden auch entsprechend befähigte oder eigens ausgebildete Geistwesen als Spezialisten zugezogen.

Fr.: ***Wie erkennt man die Volltrance-Fähigkeit einer Person ?***

Aw.: Das ist etwas schwierig, weil diese Fähigkeit in verschiedenen Lebensaltern wechseln kann. Wenn sie im jugendlichen Alter vorhanden ist, kann sie später durch tiefgreifende Erlebnisse überdeckt oder aber geweckt werden. Im tiefsten Inneren weiß jeder um diese seine eigene Fähigkeit.

Viele besitzen die Grundlagen für ein Volltrancemedium, haben aber in diesem Leben andere Aufgaben zu erfüllen, sodaß diese Gabe nicht in Erscheinung tritt und auch nicht geweckt werden soll. Wenn diese Begabung vorhanden und als Aufgabe vorgesehen ist, dann macht sie sich früher oder später bemerkbar und man findet die richtigen Wege.

Es hängt sehr mit der jeweiligen Lebenssituation eines Menschen zusammen, ob und wie weit solche Fähigkeiten ausgelebt werden können.

In Zukunft werden diese Möglichkeiten zunehmen, weil

sich die allgemeine Beurteilung übersinnlicher Dinge, im weitesten Sinne als Parapsychologie bezeichnet, im Wassermannzeitalter in positiver Richtung sehr verändert. Die Menschen können ihr Interesse an parapsychologischen Phänomenen offen bekunden, ohne gleich als Spinner oder als geisteskrank hingestellt zu werden.

Fr.: ***Gibt es besondere Gefahren, die mit Halb- oder Volltrance verbunden sind und wie kann man ihnen entgegenwirken oder sie ausschalten?***

Aw.: Latente Geisteskrankheiten können eine echte Gefahr darstellen, weil hier disharmonische Frequenzen im Energiekörper und im Gehirn des betreffenden Menschen vorhanden sind, die zu größeren Turbulenzen mit Wahnvorstellungen führen können.

Geistig-seelische Erkrankungen können dadurch verursacht sein, daß die betroffenen Personen von niedrigen, erdgebundenen Geistwesen besetzt sind. Wenn in diesen Fällen, karmisch verursacht oder aus welchen Gründen auch immer, die innere Stabilität fehlt, können sich solche Wesen ankoppeln. Das kann sich dann bei der besessenen oder umsessenen Person als geistige Verwirrtheit oder psychisches Gestörtsein bis hin zum Wahnsinn auswirken. Das ist eine Gefahr, die vorher nicht immer erkennbar ist. Dabei sind diese Geistwesen häufig der Meinung, der Besessene klammere sich an sie, statt umgekehrt.

Von den derzeit in den Nervenheilanstalten befindlichen Geisteskranken ist ein wesentlicher Teil auf diese oder ähnliche Weise von Wesenheiten besessen. Psychisch oder geistig kranke Personen, die als solche bekannt oder erkennbar sind, sollte man von medialen Experimenten oder Übungen ausschließen.

Bei Gefahr tritt immer eine jenseitige, und damit kombiniert, auch eine jedem Menschen innewohnende Schutzkraft in Aktion. Der bei gruppenweisen Entspannungsübungen entstehende gemeinsame, harmonische Rhythmus verringert Gefahren wesentlich. Hingegen werden negative Einflüsse durch das Zusammenwirken disharmonischer Schwingungen begünstigt.

Wenn ein Medium sich freut, tief in Trance zu kommen, und dabei Streß, ungute Gefühle, unangenehme Erinnerungen und Spannungen durch entsprechende Übungen beseitigt oder gemildert werden, sind kaum Gefahren zu befürchten. Darüberhinaus ist es stets von Vorteil, um göttlichen Schutz und um Hilfe hoher jenseitiger Geistwesen in Form eines Gebetes zu bitten.

HYPNOSE UND SUGGESTION

Fr.: ***Ist hypnotischer Schlaf ähnlich wie normaler Tiefschlaf ?***

Aw.: Nein. Im Hypnoseschlaf ist die Seele auf den Willen des Hypnotiseurs ausgerichtet, während im normalen Tiefschlaf die Seele sich entspannt im gesamten Kosmos verbreiten kann. Im hypnotischen Schlaf wird die Seele vom Hypnotiseur teilweise dirigistisch beherrscht, sie wird in eine bestimmte Richtung gelenkt. Es gibt aber Grenzen.

Wenn sich die Seele, bildlich gesprochen, vor einer negativen Wand sieht und sich dabei nicht wohl fühlt, geht sie nicht mehr weiter. Mit anderen Worten, wenn eine Seele einen Entwicklungsstand erreicht hat, in welchem sie nichts negatives tun will, dann befolgt sie negative Befehle nicht. Wenn sie aber noch sehr niedrig strukturiert ist, könnte ihr auch eine negative Handlung, z.B. ein Verbrechen, zusagen und der negative Befehl könnte ausgeführt werden, weil die innere Bereitschaft vorhanden ist.

Man muß mit der Hypnose sehr vorsichtig umgehen und vermeiden, tiefste Schichten zu berühren. Erlebnisse und Eindrücke, die dort liegen und schlummern, sollten nicht hervorgeholt werden. Zur Lösung oder Erleichterung eines seelischen Problems, das anderweitig nicht zugänglich ist, kann man in den oberflächlicheren Schichten des Unterbewußtseins mit Hypnose durchaus vorteilhaft arbeiten.

Auch um das Training medialer Fähigkeiten zu fördern, kann man Suggestion oder leichte Hypnose unbedenklich einsetzen, da die Seele hier Herr ihrer selbst bleibt und sich in ihren eigenen Bestrebungen angenehm unterstützt und erleichtert fühlt.

Auch wir Jenseitigen können in solchen Fällen leichter und besser Kontakt mit den betreffenden Menschen aufnehmen. Das macht diese unterstützende Technik zusätzlich sinnvoll und beide Seiten freuen sich über ein besseres Gelingen. Die Seele empfindet eine Suggestion oder leichte Hypnose entspannend, lockert sich leichter und wird freier. Sie fühlt sich in diesem Zustand wohl.

Fr.: ***Wie bringt man Personen, die schwer beeinflußbar sind, am leichtesten und schnellsten in einen hypnotischen oder hypnoseähnlichen Zustand ?***

Aw.: Man sollte sie nach Möglichkeit überhaupt nicht hynotisieren. Die schwer Beeinflußbaren zeigen dadurch, daß es in ihrem Falle nicht getan werden soll, weil sie aus karmischen oder zutiefst persönlichen Gründen zurzeit seelisch abgeschlossen sind und bleiben möchten.

Auch Raucherentwöhnungen, Bekämpfung von Alkohol- oder Drogenmißbrauch sollte nicht in Hypnose gemacht werden, da man dem Betreffenden seine Ichbestimmung und seine Willenstärke nimmt, die in solchen Fällen ohnehin schwach sind.

Einer labilen Seele gefällt es natürlich, wenn ihr die Entscheidung über das Nikotin- oder Alkoholproblem usw. erleichtert wird. Sie wird dadurch aber zusätzlich geschwächt und ist im Extremfall nicht mehr bereit, ihr Leben selbst und ohne fremde Hilfe zu meistern. Die Seele soll aber erstarken und das, was sie anstrebt, mit vollem Bewußtsein wollen. Dann fließen ihr entsprechende Kräfte zu, um die sie gar nicht weiß.

Erfolgreich ist, wenn sich der Betreffende immer vollbewußt sagt: Ich will wollen! Wenn er aber in seinem Inneren Türchen und Schleichwege für seine Sucht offen hält, dann wirkt das wie Zugluft, die verfügbare, positive Kräfte hinauszieht. Viele schaffen die Entwöhnung nicht, weil sie ihre inneren Türchen offen halten und so entkommen. Mit anderen Worten, sie wollen ihr Laster in ihrem Inneren nicht zur Gänze, oder nicht für alle Zeit, oder überhaupt nicht wirklich aufgeben.

Fr.: ***Gibt es Menschen, die nicht hypnotisierbar sind?***

Aw.: Ja, es sind dies Personen, bei welchen das Schwingungsmuster im Gehirn durch Geisteskrankheiten, Alkohol- und Suchtgiftgenuß oder andere Einflüsse so festgefügt divergent und verhärtet ist, daß ein hypnotischer oder suggestiver Einfluß kaum möglich ist. Dieses divergente Schwingungsmuster, das sich als energetisches Chaos im Gehirn auswirkt, ist auch die Erklärung für Geisteskrankheiten.

Es gab und gibt große Meister und Geistheiler, die so starke geistige Kraft und Energie haben, daß sie fremde, wirre Schwingungen kanalisieren und harmonisieren können. So werden von ihnen z.B. Besessene geheilt. Bei diesen kann man auch medial mit den Besetzern reden und sie dazu bringen, sich zu lösen. Das geht nur, wenn der Besetzer nicht zu negativ programmiert und daher Belehrungen und gutem Zureden zugänglich ist.

Es gibt auch Verstorbene, die sich an den neuen Zustand nicht gewöhnen können oder wollen. Mit ihnen kann man ebenfalls sprechen und sie sehen dann oft ein, daß es für sie das Beste ist, positiv helfend zu wirken anstatt durch Besessenheit oder andere negative Beeinflussung den auf Erden Lebenden Unruhe und Unglück zu bringen.

Niedrig entwickelte Verstorbene, die noch nicht erkannt haben, daß sie gestorben sind, finden sich im Jenseits nicht zurecht, weil sie geistig im wahrsten Sinne des Wortes blind sind und geistige Abläufe nicht erkennen können. Für diese Wesen wirken Lebende mit passenden Schwingungen wie Lichter und sie versuchen, sich an diese anzuklammern und durch sie Energien zu erhalten. Viele Geisteskrankheiten werden dadurch verursacht, daß sich solche jenseitige, niedrige Wesen des Energiepotentials lebender Erdenmenschen auf diese Weise bedienen. Die geistigen Schwingungen beider müssen jedoch in einem gewissen Mindestausmaß harmonieren.

Wenn ein Lebender ein stabiles, energetisches Schwingungsmuster besitzt, also im wahrsten Sinne des Wortes in Ordnung ist, können sich die negativen Frequenzen des betreffenden Jenseitigen nicht einklinken und es besteht für den Erdenmenschen keine Gefahr, von Jenseitigen beeinflußt oder besetzt zu werden.

Man kann durch Hypnose dahin wirken, daß ein krankhaftes Schwingungsmuster kanalisiert und harmonisiert wird, solange die Starrheit dieses Zustandes nicht zu groß ist. Dabei kommt es sehr auf die Güte des Behandlers an. Wenn dieser große energetische Kräfte besitzt und sie wirksam einzusetzen versteht, d.h. daß er den Patienten nicht nur in Hypnose zu versetzen vermag, sondern ihm auch positive, ordnende Energien zuführen kann, dann können Heilergebnisse eintreten. Der Hypnosezustand allein reicht dazu nicht aus.

Fr.: ***Gibt es bei Euch im Jenseits auch hypnoseartige Suggestion, wenn einemVerstorbenen klar gemacht werden soll, daß er wieder inkarnieren und einen bestimmten Lebensweg wählen oder bestimmte Aufgaben übernehmen muß ?***

Aw.: Das ist keine Hypnose im irdischen Sinne, sondern Übertragung von Gedankenkraft. Ein höheres Wesen sendet z.B. einen Energiestrahl in eine Wesenheit, der ihr klare Erkenntnis hinsichtlich der Erfordernisse und Möglichkeiten und die richtige Entscheidung erleichtert, ohne daß diese ihr suggeriert oder aufoktroiert wird.

Bei der Hypnose wird der Wille des Hypnotiseurs als Gedanke eingepflanzt. Das ist hier nicht der Fall. Es werden nur die Möglichkeiten verdeutlicht und die Energien zur richtigen Entscheidung beigegeben.

Fr.: ***Gibt es Fälle, in welchen der Hypnotisierte an den Auswirkungen einer Hypnose, der sogenannten Posthypnose, leidet ?***

Aw.: Ja, das gibt es. Auch wegen dieser, oft nicht vorhersehbaren Folgewirkungen ist die Hypnose als psychischer Eingriff nicht so gut und grenzt, besonders wenn das Erstrebte mit dem innersten Wunsch des Betroffenen nicht übereinstimmt, ein wenig an schwarze Magie.

Der bessere Weg wäre, durch Güte, Liebe, Belehrung und positive Gedankenkraft im Menschen schlummernde Fähigkeiten zu seinem Wohl zu wecken.

HELLSEHEN (CHANNELING, AUßERSINNLICHE WAHRNEHMUNG)

Fr.: ***Was ist Hellsehen ?***

Aw.: Hellsehen als außersinnliche Wahrnehmung oder Erhalt von Informationen, Innenschau von Bildern und Kontakt mit nicht anwesenden oder mit verstorbenen Personen, hängt mit dem Teil unseres Gehirns zusammen, der bei unseren mit dem Wachbewußtsein vorgenommenen, normalen, alltäglichen Tätigkeiten im allgemeinen kaum zum Einsatz kommt und bei den meisten sozusagen brach liegt. Es hängt mit dem lymbischen System des Gehirns zusammen. Es müssen auch die entsprechenden Schwingungen der kommunizierenden Gehirnteile stimmen.

Fr.: ***Wie kann man am ehesten eine Hellsehfähigkeit entwickeln ?***

Aw.: Erste Voraussetzung ist äußere und innere Ruhe und innere Harmonie des Hellsehers. Dann sollte innerlich eine weitgehend positive Lebenseinstellung und eine positive Lebensführung vorherrschen. Sonst werden durch gedanklich erzeugte, negative Schwingungen Blockaden erzeugt, die für positive Jenseitige undurchdringlich sind.

Zweitens muß man dieseTätigkeit bewußt und aufrichtig ausüben wollen mit dem Zweck, anderen Mitmenschen und auch unglücklichen Jenseitigen zu helfen.

Um seine Hellsehfähigkeit zu entwickeln und zu stärken, muß man seine Vorstellungskraft im Zusammenhang mit gleichzeitiger Entspannung üben. Dadurch kann man die Gehirnfrequenzen ändern und zwar in langwelliger Richtung (Alpha-Training).

Man kann es sich als das Heruntersteigen auf einer Treppe vorstellen, wobei jede Stufe eine eigene Ebene bedeutet, auf der sich entsprechende Bilder zeigen oder

Abläufe vollziehen können. Man kann dann auf verschiedenen Stufen auch verschiedene Dinge wahrnehmen. Dieses Treppen-Hinuntersteigen ist vorallem eine sehr gute Entspannungsübung.

Man kann sich anstatt der Treppe natürlich auch einen Tunnel, einen Lift, eine Bootsfahrt oder auch eine Ballonfahrt vorstellen. Ein gutes Bild zur Erreichung einer Hellsehfrequenz ist auch ein Sonnenaufgang, wobei man sich vorstellt, daß die Sonne immer größer wird und man in diese Sonne hineingeht. Dieses Hineingehen in das Licht kann infolge der höheren Frequenzen eine Verbindung mit höheren Schwingungsebenen bewirken.

Besonders empfohlen wird, sich einen in strahlendem Hell-Lila leuchtenden Horizont vorzustellen, ähnlich einem horizontfüllenden Abendrot. In diesen hell-lila Horizont geht man hinein. Diese Vorstellung kann von den Jenseitigen durch entsprechende Schwingungen unterstützt werden. Wir bemühen uns, auf diese Weise gemeinsam mit dem Medium ein Energiefeld aufzubauen, in das sich das Medium geistig einklinken kann.

Jede Ebene hat ihr eigenes Schwingungs- bzw. Kraftfeld-Potential. Im Unterschied zum Schlaf, der auch sein eigenes Schwingungspotential hat, will man beim Hellsehen auf den verschiedenen Ebenen bewußt wahrnehmen und das Wahrgenommene weitergeben können. Das ist der wesentliche Unterschied.

Individuelle Unterschiede gibt es auch unter den Hellsehmedien, je nachdem, in welche Schwingungsebene, von der leichten Halbtrance bis zur tiefen Volltrance, ein Medium gelangt und wieweit sein sprachliches Umsetzungs- und Darstellungsvermögen reicht. Das hängt wieder mit dem jeweiligen, subjektiven Erfahrungsumfang und Bildungsniveau des Mediums zusammen. Dazu kommt das geistige Entwicklungsniveau und die zur Verfügung stehende Energie des jenseitigen Kommunikators im Rahmen der ihm durch unsere Gesetzmäßigkeiten gezogenen Grenzen.

Ein besonderes Problem ist die Zeit. Man hat den Eindruck, als ob man in die Zeit, wie in eine Hülle, hineinschlüpfen würde, ähnlich wie in einen Körper. Sie hat auch ihr eigenes Frequenzmaß, in dessen Rahmen die verschiedenen Abläufe vor sich gehen.

Fr.: ***Wenn wir über ein Hellsehmedium Verbindung mit einem Verstorbenen bekommen, ist die Identifizierung dieses Verstorbenen manchmal schwierig. Vor allem, weil dieser nur selten seinen Namen nennt. Ist das für Jenseitige mit Schwierigkeiten verbunden ?***

Aw.: Wenn einem der Name lieb ist, behält man ihn bei. Dabei durchwirkt sich das Äußerliche mit dem Innerlichen, wenn man seinen Namen mit in sein Wesen hineinnimmt. Damit erhält man eine positive Aussage. Wem der Name aber innerlich nicht zusagt, der lehnt ihn mehr oder weniger ab, führt ihn nur äußerlich und wenn er gestorben ist, streift er einen solchen Namen schnell ab.

Die Verstorbenen haben im Jenseits oft andere Namen, die für die Lebenden zumeist nicht verständlich sind und deswegen auch nicht genannt werden. Diese jenseitigen Namen bezeichnen den ureigensten Wesenskern der betreffenden Seele und bleiben im Jenseits erhalten. Die meisten erinnern sich an ihre Erdennamen. Wenn ihnen dieser Name nicht gefallen hat, oder wenn er negativ belastet oder in unliebsamer Erinnerung ist, wollen sie sich mit diesem Namen, sei es Vor- oder Familienname, nicht mehr identifizieren. Dazu kommt noch, daß je nachdem, wie tief sich Erinnerungen aus dem Edenleben eingeprägt haben, Namen, Daten und das Erdengeschehen unterschiedlich rasch vergessen werden, auch wenn die Seele es gar nicht vergessen möchte und es schmerzlich empfindet, wenn sie Namen oder gewünschte Daten nicht mehr nennen kann.

Fr.: ***In diesem Meditationsraum hängen mehrere Bilder von Geistführern, welche teils von der berühmten medialen Malerin CORAL POLGE, teils von dem medialen Zeichner IVOR JAMES, beide aus England, stammen. Zeigen diese Porträts wirklich die Gesichter der verstorbenen Personen und welche Funktion üben diese Geistführer aus ?***

Aw.: Die Porträts sind echt und wahrheitsgetreu. Dabei stellen sich die Jenseitigen so dar, wie sie gesehen werden möchten und sich im Zusammenhang mit ihrem Aussehen am wohlsten fühlen, wobei auch noch ihr innerster Wesenskern zum Ausdruck kommen soll. Sie wählen daher die positivste Darstellung ihres Aussehens im Zusammenhang mit ihrem Erdenleben. Sie können nämlich ihr Aussehen nach außen hin innerhalb gewisser Grenzen selbst bestimmen.

Die dargestellten jenseitigen Personen sind oft bei medialen Sitzungen in diesem Raum anwesend. Sie sind Wächter und Beschützer und erleichtern allein durch ihre Anwesenheit und ihre feinstoffliche Energieausstrahlung die Verbindung mit verstorbenen Personen. Sie tragen durch gute Eingebungen und stärkenden Einfluß zu einem positiven Gelingen bei, halten negative Einflüsse fern oder warnen nötigenfalls davor. Es ist für sie ein inneres Bedürfnis, das sie mit der Erfüllung dieser Aufgabe befriedigen. Darum freuen sich diese Geistwesen auch, wenn sie um Hilfe gebeten werden und Gelegenheit erhalten, zu helfen, und diese Hilfe auch angenommen wird, sei es ein guter Rat, eine Warnung oder eine gute Idee in Form einer Eingebung. Die Entscheidung es auszuführen bleibt aber immer dem Menschen selbst überlassen, denn Entscheidungen dürfen die Jensetigen ebensowenig abnehmen, wie Probleme.

Jeder muß seine persönlichen Probleme selbst lösen oder lernen, mit ihnen ohne Groll und innere Abwehrhaltung zu leben. Das ist oft schwer. Da können Bitten und Gebete sehr helfen.

Auch wir können mit unseren Energien eure positiven Bemühungen unterstützen, soweit es uns erlaubt und in eurem Schicksal vorgesehen ist. Diese göttliche Vorsehung ist auch für die Tätigkeit der geistigen Führer und Helfer und für die Entwicklung der Seelen ausschlaggebend.

Am schwierigsten und manchmal unmöglich ist es für uns, Leuten zu helfen, die von ihren selbstgezimmerten Bildern oder Verhaltensmustern nicht abrücken wollen und nicht bereit sind, ihre eigene Überzeugung zu korrigieren. Das macht uns am meisten Kummer, obwohl wir wissen, daß dieses starre Verhalten mit ihrer jeweiligen Entwicklungsstufe zusammenhängt.

Hellseher und andere Menschen, die unsere Hilfe in Anspruch nehmen, sollten nicht vergessen, sich für unsere Bemühungen zu bedanken, denn ihr Dank und ihre Freude, verbunden mit der Anerkennung unserer Hilfe sind der einzige Lohn, den wir dafür, daß wir uns mit unserem ganzen Wesen für die Menschen engagieren, erhalten können.

Fr.: ***Wie kann man Hellsehen im Sinne eines Kontaktes mit Verstorbenen am besten trainieren und fördern ?***

Aw.: Die Schwierigkeit ist, daß viele Menschen solche Kontakte haben möchten, dafür aber zu wenig begabt sind, sich aber einbilden, entsprechend begabt zu sein. Andere, die das nötige Wissen und die Begabung besitzen, sind oft nicht so sehr an solchen Kontakten interessiert.

Manchmal schalten sich auch niedrige Wesen ein, sogenannte Foppgeister, die sich einen Spaß aus falschen oder zu unerwünschten Folgen führenden Informationen machen.

Diese erkennen sofort, wenn jemand nur aus Neugier oder irgendwelchen negativen Gründen Kontakt mit dem Jenseits sucht. Durch entsprechende Schwingungen werden die Energiepotentiale negativer jen-seitiger Wesen aktiviert und angezogen, durch die dann Menschen bis zum Wahnsinn oder in den Tod getrieben werden können. Dabei ist es die geistige Ausstrahlung des Menschen, die mit ihrem negativen Schwingungspotential, das durch negatives Denken ensteht, dafür ausschlaggebend ist, daß entweder gar kein Kontakt oder ein Kontakt mit negativen Geistwesen zustande kommt.

Kontakt mit positiven Geistwesen wird durch ein negatives Schwingungspotential des Menschen blockiert. Davon machen die ebenfalls überall vorhandenen negativen oder erdgebundenen Geistwesen sofort Gebrauch. Es entsteht zwar ein Jenseitskontakt, aber auf negativer Basis, d.h. zum Schaden des betreffenden Menschen.

Der Weg, die eigene Hellsehfähigkeit zu entwickeln oder zu verbessern, ist die Meditation in ihren verschiedenen Variationen, wobei sich jeder die für ihn geeignetste und angenehmste aussuchen kann.

Hellsehsitzungen mit dem Bestreben, in Kontakt mit uns zu kommen um unseren Rat einzuholen, oder über den Verlust einer geliebten Person besser hinwegzukommen oder auch aus anderen Gründen, werden von unserer Seite sehr geschätzt und wir freuen uns darüber.

Bei Hellsehsitzungen wartet bei uns meist schon eine ganze Schar, die Kontakt mit dem Besucher haben möchte. Dabei können meist nicht alle durchkommen und es wird denjenigen erlaubt, die für die gegenwärtige Situation des Besuchers, von uns aus gesehen, am wichtigsten sind oder sich einen Kontakt durch lange Wartezeit oder besonders große Sehnsucht verdient haben.

Es kommt auch vor, daß dem berechtigten Wunsch eines Besuchers, mit einem *bestimmten* Geistwesen Kontakt zu erhalten, entsprochen wird. Voraussetzung ist immer, daß mindestens von einer Seite große Sympathie zum angestrebten Kontaktpartner oder ein wichtiger Grund für einen Kontakt vorliegen. Reine Neugier,

Abenteuerlust, oder der Versuch, uns Jenseitigen Unrichtigkeiten nachzuweisen, genügen nicht und können infolge ihrer negativen Schwingungen den Kontakt verhindern.

Fr.: ***Worin liegt die Ursache, daß man von den Jenseitigen selten richtige Gewinnzahlen für Glücksspiele, wie Lotto, Toto o.ä. erfahren kann? Könntet ihr damit nicht auch viel Gutes tun ?***

Aw.: Glücksspiele sind auf unserer Seite ein Gebiet für Kobolde, die damit, von eurer Warte aus gesehen, mehr Unheil anrichten als Glück bringen. Gewinne aus Glückspielen scheinen im Augenblick dem Gesetz der Ausgewogenheit von Geben und Nehmen zu widersprechen. Sie müssen entweder durch vorausgegangene Leistungen ohne Gegenleistung verdient sein, oder die Gegenleistungen werden im nachhinein zwangsweise schicksalhaft nachgefordert.

Es gehört zum Aufgabenkreis der Kobolde, hier im Rahmen der bestehenden Gesetzmäßigkeiten steuernd einzugreifen, wobei das Ergebnis den Menschen manchmal gerecht und hilfreich, manchmal aber ungerecht, nutzlos oder gar schädlich scheinen mag. Solche scheinbaren Ungereimtheiten sind typisch für die Tätigkeit der Kobolde, denen Überraschungen, die sie jemandem bescheren können, seien sie positiver oder negativer Natur, immer besondere Freude bereiten. Die Kobolde sind in ihrer Erkenntnisfähigkeit auf Grund ihrer Entwicklungsstufe begrenzt und können die Schicksalhaftigkeit des Geschehens nicht überblicken. Sie können daher auch nur in ihrem begrenzten Bereich tätig werden.

MATERIALISATION

Fr.: ***Es gibt Fotographien von sogenannten Geistererscheinungen, d.h. Materialisationen Verstorbener, die sich als körperliche Personen zeigen und auchals solche agieren können. Ist es für Euch Jenseitige schwierig, sich zu materialisieren ?***

Aw.: Es hängt zunächst davon ab, ob sich das betreffende Wesen überhaupt materialisieren will. Das ist meist eine Frage der geistigen Entwicklung dieser Jenseitigen. Viele, die bereits in höheren Sphären sind, haben keinerlei Interesse daran.

Geistwesen, die sich materialisieren, müssen die Materie im positivem Sinn mögen, sodaß es ihnen Freude macht, sich zu materialisieren.

Für diese Geistwesen ist ein besonderes Training nötig. Es gibt viele Geistwesen, die sich gerne materialisieren möchten, weil sie noch eine enge Beziehung zum materiellen Leben haben und noch nicht auf rein geistige Weiterentwicklung ausgerichtet sind.

Menschen, die ein tiefes inneres Bedürfnis nach Kontakt mit einem Verstorbenen haben und deren energetische Schwingungsebene mit der des Verstorbenen harmoniert, können eine Materialisation dieses Geistwesens erreichen, wenn das Geistwesen dem materiellen Leben positiv gegenübersteht und es die Materialisation ebenfalls wünscht.

Das Geistwesen muß sich von seiner Seite aus bemühen, eine zielführendeTechnik zu erlernen, um in die passende Schwingungsebene zu kommen. Die erforderliche Energie wird teils vom Geistwesen selbst, teils von anderen interessierten Wesen des Jenseits, die bereit sind, mitzuhelfen, sowie von den beteiligten Medien und anderen lebenden, anwesenden und geeigneten Personen beigesteuert.

Obwohl solche Materialisationen von Geistwesen für positiv eingestellte Personen einen hohen Beweiswert haben, werden solche Geistererscheinungen von höherer jenseitiger Warte aus als meist nutzlose Spielerei gewertet, weil sie kaum jemandem in seiner seelisch-charakterlichen Entwicklung weiterhelfen.

Fr.: ***Kann man die Fähigkeit zu Materialisationen und Dematerialisationen erwerben ?***

Aw.: Theoretisch ist ein Erwerb dieser Fähigkeiten durchaus möglich. Es ist eine Frage der geistigen Entwicklung, des vorhandenen eigenen Kräftepotentials und eines entsprechenden Trainings. Voraussetzung ist auch, daß man dazu von der jenseitigen Führung auserwählt ist. Das ist der entscheidendste Punkt.

Wenn sich jemand ernsthaft bemüht, wird seine Absicht von den geistigen Führungskräften mit Wohlwollen aufgenommen und es wird geprüft, ob der Betreffende von seiner geistigen Entwicklung her dazu geeignet ist. Bei positivem Prüfungsergebnis wird ihm die Befähigung zugesprochen.

Es gibt Geistheiler auf der Erde, die Krankheitserscheinungen dematerialisieren können, wenn seitens des Patienten die Voraussetzungen dafür vorliegen. Nicht jeder Geistheiler hat jedoch genügend innere Kraft und jenseitige Unterstützung, um alle Krankheiten heilen zu können, die geheilt werden dürfen.

Fr.: ***Kannst Du uns über die Technik von Materialisationen etwas mitteilen, damit wir damit experimentieren und die Kritisch-Ungläubigen vom Weiterleben nach dem Tode sowie der Existenz von Geistwesen überzeugen können? Die Menschen könnten dann etwas verantwortungsbewußter und vertrauensvoller leben.***

Aw.: Das hängt zuallererst von der konzentrierten, inneren Willensbildung des Mediums ab. Es muß die Materialisation unbedingt wollen. Durch diese Kraftkonzentration in seinem Inneren wird eine Verbindung zum betreffenden Geistwesen hergestellt.

Die Kraft-Qualität des Mediums ist das Wichtigste. Es ist daher nur solchen Personen möglich, die imstande sind die erforderliche, große seelische und körperliche Energiekonzentration aufzubringen. Das Medium muß eine Grundbegabung für dieses Phänomen haben. Es muß durch Meditation versuchen, den für die Materialisation notwendigen Entspannungszustand zu erreichen, in dem diese innere Kraft am optimalsten konzentriert werden kann.

Es kommt nun auf die Jenseitigen an, wie sehr sie von dem Materialisationswunsch des Mediums angezogen werden. Es muß ihrerseits ebenfalls ein starker Wunsch zur Materialisation und die Möglichkeit vorhanden sein, sich mit der Eigenfrequenz in diesen Kraftstrom zu begeben und die dementsprechenden Schwingungen mit denen des Mediums in Gleichklang zu bringen. So kann eine Materialisation zustandekommen.

Wenn aber das Medium einseitig eine Materialisationsenergie aufwendet, ohne daß sich im Jenseits ein Wesen davon angezogen fühlt und mitwirkt, kommt keine Materialisation zustande. Das hängt mit dem Energiemuster des Mediums zusammen. Wenn ein Medium in sich Schattenseiten hat, kann es trotzdem die nötige Energie für eine Materialisation aufbringen, aber die Jenseitigen fühlen sich nicht angezogen, bzw. sogar abgestoßen.

Das Phänomen kommt nicht zustande, wenn beim Medium die Sensationslust, der Geltungsdrang oder materielle Gründe überwiegen.

Wenn ein Medium oder eine Gruppe aus unlauteren Motiven oder reiner Sensationslust eine Materialisation herbeiführen will, kann das schon erfolgreich sein, aber es beteiligen sich dann entsprechend niedrigere Geistwesen. Diese freuen sich, auf diese Weise angezogen zu werden, und warten darauf, aktiv sein zu können. Dabei besteht die Gefahr, daß das Medium von negativen Wesen abhängig oder besessen wird. Die Seele kann negativ beeinflußt werden und es können geistige Veränderungen bis zum Wahnsinn eintreten.

Die negativen Geistwesen können über das Medium weitere Schäden an Personen anrichten, die sich von diesem Medium beraten lassen oder mit ihm gemeinsam meditieren. Die negativen Kräfte versuchen so auf verschiedene Weise, ihre Macht auszuweiten und warten ständig auf eine passende Gelegenheit. Sie erfreuen sich in den milderen Fällen an Schabernack und Unfug, können aber auch großen geistigen und/oder materiellen Schaden anrichten. Auf diese Weise befriedigen sie ihre eigenen negativen Gelüste.

Facit: Man sollte mit Jenseitigen keine Experimente aus selbstsüchtigen oder unlauteren Motiven machen, weil das zum geistigen und körperlichen Ruin der betreffenden Menschen führen kann.

MAGIE

Fr.: ***Kann man weißmagische Einflüsse erkennen und durch eigene Aktivitäten oder Gedanken unterstützen ?***

Aw.: Weißmagische Einflüsse finden ständig statt, z.B. schon, wenn man sich gegenseitig einen guten Tag wünscht oder an jemanden liebe Grüße mitgibt. Man sendet dabei positive Energien aus, selbst wenn man es gar nicht bewußt tut.

Man kann weißmagische Einflüsse spüren, wenn man z.B. in Schwierigkeiten steckt und einem scheinbar unerwartete Hilfe zuteil wird, etwa nach dem Spruch: *"Wenn du denkst, es geht nicht mehr, kommt von irgendwo ein Lichtlein her"*.

Positive Energien können auch von einem höheren Selbst zum anderen telepathisch übertragen werden. Im Jenseits sind viele damit beauftragt und beschäftigt, Menschen, denen es schlecht geht, zu helfen und ihnen Energien zu schicken. Man empfindet dann plötzlich einen tröstlichen Gedanken oder hat eine gute Idee oder man spürt innerlich einen Kraftschub, hört auf zu weinen und faßt wieder neuen Mut. Das alles kann man schon unter den Begriff der weißen Magie als positive Einwirkung einordnen.

Wenn jemand, wie auch beim Geistheilen, zu einer vereinbarten Stunde bewußt gedanklich positive Energien schickt, überträgt er damit starke geistige Hilfe.

Im Grunde ist jedes konzentrierte positive Denken eine Aussendung von Energieströmen, die im Sinne der weißen Magie positiv wirksam werden können.

Fr.: ***Haben die Runen auch eine magische Bedeutung, weil man von Runenmagie spricht ?***

Aw.: Ja, und zwar ist es die Form der Runen, die Träger ihrer Wirkung ist. Erdgeister haben hier großen Einfluß. Sie beherrschen das Terrain, das sie für den sogenannten Runenzauber vorbereiten.

Als die germanischen Priester, die Druiden, noch mit den Runen arbeiteten, konnten die Erdgeister bewirken, daß die geworfenen Runenstäbe in einer bestimmten Art fielen. Sie konnten Energieströme erzeugen, welche die Fallbewegung der Runenstäbe beeinflussten. Damals hatte man mit den Erdgeistern viel größeren Kontakt und erkannte sie als Retter und Helfer. Sie haben ihre Aufgabe, den Menschen zu helfen, sehr ernst genommen.

Die Werfer wußten um die Mitarbeit der Erdgeister und waren ihnen dankbar. So entstand durch die Zusammenarbeit eine gegenseitige Energie-Verflechtung und damit ein aussagekräftiges Runenorakel. Die Priester hatten eine konzentrierte geistige Kraft, die die Erdgeister als positiv empfanden und aufnahmen. Sie fühlten sich durch diese Kraft gehoben. Es sind ihnen durch die Priester Energien zugeströmt, die ihnen gut taten, sie aus einer Art unbedeutender Existenz emporhoben und aufwerteten. Als Dank haben sich diese Wesen für das Runenorakel zur Verfügung gestellt.

***Fr.:* Ist es heute noch möglich und sinnvoll, die Runenmagie wieder aufzugreifen ?**

Aw.: Ja. Man sollte sich der Kräfte, die dahinter stehen, klar bewußt sein, sie akzeptieren und ihnen für ihre Mitarbeit danken. So kann das Runenorakel zu einer positiven Aussage aktiviert werden. Die hilfreiche Mitarbeit der Erdgeister ist in vielen Fällen sehr wertvoll.

Fr.: ***Was geschah beim Orakel von Delphi ? Dort saß die Seherin Pythia auf einem Dreifuß, unter welchem durch´Verbrennung bestimmter Kräuter Dämpfe erzeugt wurden.***
War das Magie mit Hilfe von Düften ?

Aw.: Die Dämpfe reinigten die Athmosphäre, narkotisierten leicht und hatten die Wirkung, daß Intuitionen besser fließen konnten. Durch Weihrauch, Räucherstäbchen u.ä. können in der Athmosphäre geeignete Schwingungen für religiöse Riten erzeugt werden.

Ähnlich ist es auch in Brasilien mit Trancetänzen und anderen Praktiken, die das Gehirn in Schwingungen versetzen, bei denen geistige Durchgaben besser fließen. So kommen die für Intuition und außersinnliche Wahrnehmungen nötigen Alpha-, Delta- und Theta-Frequenzen besser zur Wirkung.

Die Pythia war eine große Seherin und Priesterin, nicht wie die heutigen Hellsehmedien. Sie war eine hochgeehrte, heilig-mäßige Institution und man näherte sich ihr mit Ehrfurcht. Dadurch entstand ein Respektsabstand zur Bevölkerung. Sie lebte etwas abgesondert, war sehr ernst, besaß ein tiefes Wissen und war sich ihrer Aufgabe als Seherin wohl bewußt. Sie machte den Eindruck einer großen, dunklen, schweren Persönlichkeit mit einer gewissen Traurigkeit, wie sie eben mit einem inneren absoluten Wissen verbunden ist, das die vielen schmerzlichen Ereignisse, die man nicht abwenden kann und darf, beinhaltet, die die Menschen, aus welchen Gründen auch immer, durchleben müssen.

Sie war ein hohes Geistwesen, das sich bewußt zur Verfügung gestellt hatte, um den Menschen zu dienen. Durch diesen Dienst an den Menschen hat sie sich als hohe Geistwesenheit zusätzlich geläutert und durch ihr Opfer weiter vervollkommnet, da jede auf Nächstenliebe und Uneigennützigkeit beruhende Tat dem Empfänger und dem Gebenden hilft.

Fr.: ***Spielen Symbole und Amulette in der Magie eine bedeutende Rolle und wie kann man sie positiv erfolgversprechend einsetzen ?***

Aw.: Symbole und Amulette sind, ähnlich wie die Zahlen, starke Energieträger. Durch ihre Form oder Materie, aus der sie bestehen, beinhalten sie schon entsprechende Energien und senden diese aus. Man sollte aber wissen, ob es sich um positive Energieträger handelt, dann können sie sehr hilfreich sein.

Jede Form hat genauso wie eine Zahl schon in sich eine entsprechende Energie. Mit der Gestaltung der Form ist auch die dazugehörige Energie gestaltet worden. Zudem kann man in ein Amulett zusätzlich gedanklich Energien einbringen oder die von der Gestaltung her vorhandenen Energien durch das Wissen um sie verstärken.

Wenn jemand ein Amulett in dem Bewußtsein trägt, daß es ihn schützt, wird es mit dieser gedanklichen Energie aufgeladen und dadurch tatsächlich zu einem wirksamen Schutz. Es entsteht so eine kombinierte Wirkung, die die Energien von Form, Materie und gedanklicher Übertragung eint. Diese Energien durchwirken sich gegenseitig und es entsteht eine mehrfach positive Energieladung, die sich als echte, vom Amulett ausgehende Kraft manifestiert.

Der Träger des Amuletts konzentriert seine eigenen Kräfte, harmonisiert sie in seinem Innern, indem er durch seine Überzeugung Ängste abbaut und gewinnt durch sein zuversichtliches Denken Stärke und Sicherheit, die bewirken, daß er gegenüber negativen Einwirkungen *"unangreifbar"* wird.

Die wichtigste Wirkung eines Amuletts besteht darin, daß die innere Stärke des Trägers zunimmt, er innerlich harmonisiert wird und angstfreier lebt. Es kommt hinzu, daß die eingravierten oder aufgemalten Symbole, Abbildungen, Segenswünsche oder andere Texte auch Träger von Energien sind, die der Urheber auf das Amulett übertragen hat.

Die Überzeugung von der Unwirksamkeit eines Amuletts oder Symbols hingegen schwächt deren Wirksamkeit durch die ihr innewohnende negative Energie, oder zerstört sie sogar.

Fr.: ***Zur Magie gehört auch die schwarze, d.h.negative, vom Wunsche, jemandem zu schaden, getragene Magie. Wie kann man schwarzmagische Einwirkungen erkennen ?***

Aw.: Man kann sie nicht immer gleich und eindeutig erkennen. Sensible Menschen, die auf ihr Inneres hören, empfinden dies eher und es wird ihnen bewußt. Es können aber auch negative Einflüsse in einen Menschen eindringen, ohne daß ihm das klar wird. Darin liegt die Gefahr.

Man kann einen anderen negativ beeinflussen, ohne daß sich das Opfer dieser Manipulation bewußt wird. Deshalb sollte man generell um Schutz bitten und, daß negativen Gedanken und Wünsche in positive umgewandelt werden mögen. Ein Gebet kann für alle Beteiligten sehr hilfreich sein.

Schwarzmagische Energien können überdies nur greifen, wenn der Empfänger ebenfalls negativ gepolt ist. Ansonsten prallen sie an dem unsichtbaren Abwehrsystem, das im Astralkörper eines positiv denkenden und handelnden Menschen verankert ist, ab.

Wenn hingegen jemand durch seine eigene, negative Handlungsweise verursacht hat, daß ein anderer ihn verflucht, kann dieser Fluch durchaus wirksam werden, zumal das schlechte Gewissen des *"Opfers"* zusätzlich zur negativen Wirkung beiträgt. Gefährdung durch schwarze Magie und Schutz gegen sie hängen weitgehend vom Charakter und der persönlichen Qualifikation der Empfängerseele und dem positiven oder negativen Verhalten des *"Opfers"* ab.

Fr.: ***Was widerfährt jenen, die auf Erden mit schwarzer Magie anderen Schaden zugefügt haben ?***

Aw.: Der Schwarzmagier empfindet im Jenseits selbst alles Negative, das er ausgesendet hat, und das ist höchst unangenehm. Er ist in diesen quälenden, negativen Empfindungen gefangen. Alles um ihn herum ist grau, er fühlt sich seelisch gedrückt und eingeengt, wie zusammengezogen und leidet unter seinem Zustand. Er erlangt die Erkenntnis, daß er Menschen schlecht beeinflußt oder behandelt und dadurch negativ gewirkt hat.

Die schwarz-magische Tat fügt dem am meisten Leid zu, der sie begangen hat, denn die ihr zugrunde liegende stark-negative, geistige Vorstellung wirkt zuerst an ihrem Entstehungsort und das ist der Schwarzmagier selbst.

Die meisten Schwarzmagier erkranken oder erleiden noch in ihrem Erdenleben Leid und Unglück. Im Jenseits müssen sie aus tiefstem Schuldbewußtsein ihre Opfer um Vergebung bitten und sind auf deren Erbarmen und die Gnade der leitenden Geistwesen angewiesen. Höher entwickelte Opfer bedauern den Täter, der an ihnen schwarze Magie verübt hat und vergeben ihm. Andere wieder können oft nicht so bald verzeihen und darunter leidet der Schwarzmagier ganz besonders.

TONBANDSTIMMEN UND VIDEOBILDER

Fr.: ***Wie ist Eure Einstellung im Jenseits zum Tonbandstimmen- und Videobildphänomen? Warum sind die Durchgaben auf den Tonträgern meistens so kurz, schwach und undeutlich und die Bilder Verstorbener auf dem Video-Bildschirm sehr verschwommen ?***

Aw.: Das liegt hauptsächlich am Faktor Ton- und Videoband. Diese Tonträger sind für unsere Schwingungen zu grobstofflich. Es ist schwierig, mit diesen Bändern zu arbeiten, denn es erfordert von uns viel Energie.

Mit Videobändern geht es etwas besser, als mit Tonbändern. In beiden Fällen ist der Jenseitige gezwungen, seine Gedanken zu formulieren und in eine Art Matrize zu pressen, die für ihn schwer zu handhaben ist, weil diese Materie sehr große Einschränkungen aufweist. Es ist, wie wenn man einen Zweizentnermann auf einem ein Zentimeter breiten Band laufen lassen möchte.

Die Kommunikation über ein menschliches Medium ist für uns viel leichter und schöner. Man kann sich gegenseitig sehen, hören und besser unterhalten.

Leute, die mit technischen Hilfsmitteln, wie Tonband und Video arbeiten, schränken die Kommunikationsmöglichkeiten mit uns auf ein Minimum ein und erwarten sich ein Maximum. Es ist, wie wenn sie durch ein Schlüsselloch zu schauen versuchen und nicht merken, daß sie die Türe aufmachen könnten, wie es über die Verbindung mit einem guten Hellsehmedium geschieht.

Die Bänder sind für die Jenseitigen zu niederfrequent und bieten zu wenig Modulationsmöglichkeiten. Es benötigt viel Energie, auf diese grobstofflichen, schwer modulierbaren Ton- und Bildträger die feinen hochfrequenten Schwingungen, deren wir uns bedienen, aufzubringen. Daher die oft schwachen, schwer verständlichen Ergebnisse und unscharfen Bilder.

Die Sehnsucht Jenseitiger nach Kommunikation mit

Menschen ist häufig so stark, daß sie trotz dieser Schwierigkeiten immer wieder versucht wird. Auf unserer Seite sind an den Möglichkeiten der Tonbandstimmen und Videobilder hauptsächlich Wesen interessiert, deren Erdverbundenheit noch stark ist und die großes technisches Interesse haben.

Fr.: ***Werden in Zukunft auf dem Gebiet der Tonbandstimmen und der medialen Videobilder durch technische Verbesserungen größere Fortschritte erzielt werden können ?***

Aw.: Es wird an solchen Verbesserungen auf der Erde intensiv gearbeitet. Das allein schon bringt Fortschritte. Fernsehen, Video, Bildschirme und alles, was dazugehört, werden in Richtung feinerer Frequenzen verbessert. Dann wird es leichter möglich sein, Bilder und Stimmen Jenseitiger zu empfangen.

Die Tonbandstimmen werden mehr und mehr uninteressant werden, weil sich die Jenseitigen dann über den Bildschirm mitteilen können. Es wird auch bei uns im Jenseits intensiv daran gearbeitet, sich in die Video-Schwingungen hineinmaterialisieren zu können. An dieser beidseitigen Arbeit haben die Jenseitigen viel Freude und sind sehr an dieser Verbindungsart mit den lebenden Erdenbewohnern interessiert.

Jenseitige aus höheren Sphären lächeln ein wenig über diese Bemühungen der Erdenbewohner und ihrer jenseitigen Helfer, weil sie sich mit ihren Gedanken in die Menschen hineinversetzen können und nicht auf materielle Hilfsmittel angewiesen sind. Aber es gibt auch bei uns Wesen, die stark technisch interessiert sind und diese Art technisches Telefon sehr begrüßen.

DAS DIREKTSTIMMENPHÄNOMEN

Fr.: ***Bei dem Medium Leslie Flint, das derzeit in London lebt, haben wir das Direktstimmenphänomen kennengelernt. Dabei spricht ein Geistwesen nicht durch das Medium, sondern ohne dessen körperlicher Mitwirkung zu den Anwesenden. Wie ist das möglich ?***

Aw.: Aus dem von Leslie Flint abgegebenen und den geeigneten Anwesenden entnommenen Energien, dem sogenannten Ektoplasma, einer lebenden, nebelartigen Masse, bilden jenseitige Helfer ein künstliches, kehlkopfartiges Gebilde, das größer ist, als ein Kopf. Durch diesen "Kehlkopf" können Geistwesen sprechen. Dabei wird die benötigte Energie vom sprechenden Jenseitigen, vom Medium und den geeigneten Anwesenden beigesteuert. Das Medium muß dazu nicht in Trance gehen.

Fr.: ***Werden die für ein solches Direktstimmen-Phänomen geeigneten Jenseitigen, die durch diesen künstlichen Kehlkopf sprechen, von Euch ausgewählt und bedarf es bestimmter Voraussetzungen?***

Aw.: Man arbeitet in der geistigen Welt intensiv an diesem Phänomen, doch es werden noch etwa 10 bis 20 Jahre vergehen, bis es im großen Rahmen funktioniert. Eine große Gruppe Jenseitiger wirkt an der Verbesserung dieser Technik mit. Die Freigabe zur Verwirklichung dieses Phänomens ist von jenseitiger, höherer Stelle aus noch blockiert. Die Zeit ist noch nicht reif und die jenseitige Gruppe ist zu Zurückhaltung auf diesem Gebiet veranlaßt. Es werden auf Erden noch bestimmte Bewußtseins-Erkenntnisprozesse ablaufen müssen.

Die Menschen werden auf spirituellem Gebiet wacher und heller werden. Die geistige Entwicklung hinkt zurück und die menschlichen Schwingungen haben - mit

Ausnahmen - noch nicht jene Frequenzen erreicht, die für die künstliche Kehlkopffunktion nötig sind. In Ansätzen geht es bereits, und auch der Wunsch einer Weiterentwicklung auf diesem Gebiet ist sehr wichtig.

Leider haben die Erdenmenschen noch nicht die nötige geistige Entwicklungsstufe erreicht, um von reiner Neugier und Sensationslust erlöst zu sein. Deshalb gelingen solche Experimente so selten.

MEDIALES MALEN UND SCHREIBEN, BESESSENHEIT

Fr.: ***In der Parapsychologie kennt man das mediale Malen und Schreiben. Sind diese Phänomene miteinander verwandt und welche Technik wird für eine erfolgreiche Betätigung auf diesem Gebiet empfohlen ?***

Aw.: Eine diesbezügliche mediale Begabung muß als Grundlage vorhanden sein. Sehr sensible, feinfühlige Menschen werden eher malen und mehr verstandesbetonte Menschen werden schreiben. Die medial-intuitive Begabung muß für das Malen größer sein als für das Schreiben.

Wenn eine ensprechende Begabung vorliegt, können sich die höheren Geistwesen ausdrücken und freuen sich über solche Kanäle. Die Intuitionen fließen dann durch das betreffende Medium aufs Papier.

Es kann vorkommen, daß sich zwei Geistwesen beim medialen Malen energetisch in ein und dasselbe Porträt hineinfließen lassen und dadurch ein Mischporträt entsteht. Das ist interessant, besonders wenn man beide Verstorbenen gekannt hat, ist aber nicht sehr erwünscht. Es wollen in solchen Fällen beide Geistwesen die Freude erleben, porträtiert zu werden. Sie freuen sich nicht nur über den Kontakt mit den Irdischen an sich, sondern auch darüber, sich irdischen Verwandten oder Bekannten gegenüber mit irdischen Mitteln ausdrücken zu können. Sie empfinden nämlich die Mauer zwischen Jenseitigen und Erdbewohnern belastend und freuen sich unwahrscheinlich über eine Gelegenheit, sich bemerkbar zu machen.

Man erinnert sich hier im Jenseits auch an schöne Situationen und geliebte oder sympathische Personen, die noch auf Erden leben und bedauert es, daß die Kontakte nicht mehr wie früher gegeben sind. Das Irdische kann dem einen oder anderen noch ziemlich lange anhängen. Darum freuen sich manche ganz besonders, wenn sie auf diese oder jene Weise mit den Irdischen Kontakt bekommen.

Es ist eine Gnade, wenn man malen kann. Ein Maler ist bei der Ausübung seiner Kunst in verstärktem Maße von feinstofflichen Schwingungen umgeben, die das Zeichnen und Malen als besonders positiv erscheinen lassen. Es ist gut, zu malen, und zwar sowohl für den Maler als auch für den Betrachter des ferigen Bildes.

Die poträtierten Geistwesen freuen sich sehr, wenn sie trotz ihrer Feinstofflichkeit die Möglichkeit haben, sich auf diese Weise darzustellen.

Es gibt verschiedengeartete Wesenheiten. Solche, die sehr zart sind und sich innerlich zutiefst freuen, poträtiert zu werden, und andere, die mehr robust und lustig sind. Diese finden es phantastisch, daß es so etwas gibt, haben riesigen Spaß an diesem Phänomen und betrachten es mehr als eine interessante Abwechslung.

Hier hat das Zeichnen und Malen keinen praktischen Wert, weil ohnehin jeder jeden sieht und erkennt. Es besteht daher kein Bedürfnis, ein Bild zur Erinnerung oder Identifizierung anzufertigen. Auch eine künstlerische Bildgestaltung als Ausdruck der Kreativität, oder um andere damit zu erfreuen, ist nicht gefragt, weil das hier jeder mit seiner Vorstellungskraft kann, und auch die Vorstellungsbilder des anderen gesehen werden.

Jeder kann sich so verändern, wie er aussehen will. Er braucht dazu keine Hilfsmittel. Aber alle freuen sich, wenn sie medial gemalt werden. Dabei sollte man nach Möglichkeit die Wesen mit den feineren Schwingungen malen. Man kann sie daran erkennen, daß sie mehr zurückhaltend fragen, ob man sie malen würde. Weniger diejenigen, die es mehr als lustige Abwechslung betrachten und unter Umständen sogar versuchen, irgendeinen Schabernak in das Bild einzubringen.

Es gibt auch weniger bereitwillige Wesen, die dieses

Phänomen sogar blockieren können. Man sollte deshalb vor dem Malen meditativ darum bitten, daß man mit freundlichen, hilfreichen Wesen Kontakt erhält, um ein für beide Seiten erfreuliches Bild entstehen zu lassen.

Der Maler sollte sich innerlich auf eine feine, zarte Schwingung ausrichten, um erfreuliche Kontakte zu erhalten. Auch sollte er nicht gleich den Erstbesten malen, der sich anbietet, sondern nach seinem Gefühl eine Auswahl treffen. Es ist dafür keine besondere Meditation notwendig, denn beim Malen stellen sich die meditativen Schwingungen von selbst ein.

Das zu malende Wesen möchte sich in den meisten Fällen sehr schön darstellen, d.h. seine geistige Schönheit im Bild zum Ausdruck bringen und dabei erkennbar bleiben. Es will nicht unbedingt eine Botschaft durch das Bild übermitteln, sondern zeigen, wie schön es in seiner derzeitigen Existenz ist.

Es hängt auch mit der Entwicklungsstufe des Malmediums zusammen, welche Wesen sich angezogen fühlen, leicht und schnell durchkommen und sich darüber dann besonders freuen.

Höhere Informationen werden durch mediales Malen im allgemeinen nicht vermittelt. Das mediale Porträtieren liefert vielen Menschen einen guten Beweis für die weitere Existenz nach dem Tode und sollte in erster Linie zu diesem Zweck gehandhabt werden.

Gefahren durch mediales Malen oder Schreiben können entstehen, wenn die vorher erwähnten negativen Motive oder inneren Einstellungen des Mediums vorliegen und es dadurch negativen Geistwesen ermöglicht wird, sich einzumischen und tätig zu werden.

Wenn, wie hier, der geistige Kanal offen ist , kommt es, wie schon erwähnt, auf die positive Einstellung und innere Haltung des Mediums an. Eine solche erzeugt gute und stabile Schwingungen, sodaß sich negative Geistwesen nicht einmischen können. Dabei kommt es nicht nur auf einen guten Charakter in herkömmlichem Sinne, sondern auch darauf an, wie harmonisch, ausgeglichen, und nervlich stabil das betreffende Medium ist. Diese Eigenschaften bedeuten großen Schutz.

Fr.: ***Mediales Malen und Schreiben können fallweise Beispiele für eine Art positive Besessenheit durch einen berühmten, verstorbenen Maler oder Schriftsteller sein. Im Allgemeinen versteht man aber unter Bessenheit die Inbesitznahme der Psyche durch ein negatives Geistwesen. Wie kommt eine solche Besessenheit zustande ?***

Aw.: Eine in sich instabile Psyche mit disharmonischen Schwingungen, seien diese nun karmisch aus früheren Leben herrührend oder im gegenwärtigen Leben erworben, ermöglicht die Einwirkung disharmonischer Schwingungen negativer Wesen. Dasselbe geschieht, wenn aus dem Unterbewußtsein Negatives aufgewühlt und entfesselt heraufsteigen kann, weil die innere Stabilität fehlt.

Wenn also die Psyche nicht in Ordnung ist, z.B. auch wenn sie durch Alkoholeinfluß und andere Genuß- oder Suchtgifte instabil wird, dann wird wie durch ein großes Loch, negativen Kräften Einlaß gewährt. Negative Wesen können dann von der menschlichen Psyche Besitz ergreifen.Es kann so zu Bessenheit kommen, weil der Schutzmantel dieser Psyche Löcher hat, die ein Einfließen negativer Energien ermöglichen.

Manchmal kann man mit den Besetzern sprechen und sie überzeugen, daß es für sie besser ist, von dem Besessenen abzulassen und ihm zu helfen, weil es ihnen durch eine positive Tätigkeit in ihrer Jenseits-Sphäre besser geht.

Oft ist es nur möglich, diese negativen Wesen durch starke positive Schwingungsfelder und Gedanken-Energien aus dem Besessenen heraus zu treiben. Dazu ist es notwendig, hohe Geistwesen zu bitten, hilfreich mitzuwirken.

Es gibt auch sogenannte Teufelsaustreiber, die durch ihre eigene starke, positive Energie die negativen Energien des Besessenen verdrängen und die Löcher in der Psyche stopfen können. Weil aber eine instabile Psyche nicht von heute auf morgen heil wird, haben die Exorzisten keine hohe Erfolgsquote.

Der Besessene muß selbst an sich arbeiten, um Kraft bitten und selbst, oder mit Hilfe anderer ein so starkes, positives, psychisches Energiefeld in und um sich aufbauen, daß die negativen Kräfte hinausgefegt werden und um ihn ein stabiler, positiver Schutzmantel gebildet wird. Entsprechende Belehrungen des Besessenen und gemeinsame Gebete, in denen man um Hilfe aus der geistigen Welt bittet, sind dafür nötig.

Erfolg ist aber nur gegeben, wenn im Schicksalsplan eine Heilung zu diesem Zeitpunkt und in der gegenwärtigen Situation enthalten ist.

KARTENLEGEN, RADIÄSTHESIE, PLANCHETTE, TISCHRÜCKEN, NUMEROLOGIE

Fr.: ***Was vermag das Kartenlegen als parapsychologisches Phänomen zu leisten ?***

Aw.: Die zum Kartenlegen verwendeten Karten als solche stehen unter dem Schutz höherer Geistwesen. Es ist ein breites, variables Feld, wie weit dem einzelnen Kartenleger von oben her positiver Schutz und die Gabe des Kartenlesens verliehen und diese Tätigkeit gestattet ist.

Wenn die Informationen für die Bedeutung der Karten und ihrer Kombinationen von hohen Geistwesen kommen, ist das Befragen der Karten sehr segensreich. Wenn es aber, wie in vielen Fällen, einfach angelernt ist, und ohne die nötige, geistige Verbindung vieles in die Karten hineininterpretiert wird, kann es zu Falschaussagen kommen.

Fr.: ***Sehr bekannt sind die Tarotkarten. C.G.Jung hat z.B. die großen Arkanas als beste Sammlung archetypischer Darstellungen bezeichnet. Sind sie zum Kartenlegen besser geeignet als andere Karten ?***

Aw.: Für das Kartenlegen spielt es keine wesentliche Rolle, welche Karten man nimmt. Die normalen Spielkarten haben vielseitigere Aussagemöglichkeiten bei banaleren Dingen, sind allgemein vielfältiger und für alltägliche Probleme sehr gut geeignet.

Die Tarotkarten stellen mehr Eigenschaften dar, und besonders die großen Arkanas können gute Hinweise geben, wie sich der Fragende charakterlich verhalten und engagieren soll. Hinter diesen Tarotkarten stehen große, geistige Kräfte und sie unterstehen höheren, leichteren, freundlicheren Geistwesen, die sich mit den bildhaften Aussagen der Tarotkarten identifizieren, sich beinahe wie personifizierte Bilder fühlen und sich darüber freuen, dem Fragenden dienen zu können.

Man kann sich diese Wesen wie einen Elfenreigen vorstellen, bei dem sich die Elfen als Personifikationen der verschiedenen Tarotbilder-Kräfte der Lage der Karten entsprechend postieren und aus den Karten sprechen. Diese Wesen verbinden sich in einer heiter-helfenden Weise mit den Tarotkarten und bringen so durch den Kartenleger als Mittler ihr Wissen an den Fragenden.

Fr.: ***Spielen die verschiedenen, in der Literatur geschilderten Techniken des Kartenlegens eine wesentliche Rolle oder kommt es nicht so sehr auf die Art an, wie man die Karten wählt und legt?***

Aw.: Die Legetechnik ist nicht so wichtig. Von größerer Bedeutung ist, daß sich der Kartenleger geistig in die Persönlichkeit des Fragenden hineinversetzt.

Sobald eigene, negative Schwingungen, Gedanken, eigene Meinungen, Überzeugungen, Wunschvorstellungen, bewußte oder unbewußte, des Kartenlegers dazukommen, was nicht selten vorkommt, wird die Auslegung entsprechend verwischt. Das kommt besonders oft dann vor, wenn der Auslegende sich danach richtet, was der Fragende gerne hören möchte.

Wenn man aber über den Dingen steht und die Karten nur als Hilfsmittel benutzt, dann wird im Zusammenhang mit der Geradlinigkeit und Ehrlichkeit des Kartenlegers die Auslegung von hoher geistiger Stelle unterstützt und die richtige Deutung eingegeben.

Aber auch der Frager wird unter die Lupe genommen. Wenn er wirklich Hilfe braucht und sucht und in seinem Schicksalsplan Hilfe vorgesehen ist, dann verläuft die Befragung der Karten gut und hilfreich.

Fr.: ***Ist das Ausdeuten der Karten ähnlich, wie Hellsehen ?***

Aw.: Es ist nicht daselbe. Es können mit Hilfe der Karten als Symbolbilder Informationen durchgegeben werden, die sonst nicht möglich wären. Es ist auch insofern nicht Hellsehen, als bereits beim Mischen und Legen der Karten geistige Einflüsse wirksam werden, die dann die seherische Auslegung der Karten und Kartenkombinationen bestimmen. Unter diesem Aspekt sind die Karten durchaus ernst zu nehmen.

Wenn der Kartenleger medial veranlagt ist, wird diese Fähigkeit von den höheren Wesen verwendet und ihm geistig intuitiv eingegeben, wie er die Karten auslegen soll und was er sagen darf. Das kann sich dann mit der erlernten, allgemeinen Bedeutung der Karten durchwirken. Wenn eine entsprechend mediale Begabung vorhanden ist, kann die Eigenbedeutung der Karten durch Eingebungen von oben unterstützt werden und das Ergebnis ist dann besser.

Die Aussage der Karten, auch ohne große mediale Begabung, ist in allen Fällen ehrlicher und richtiger, wenn der Charakter des Kartenlegers einwandfrei ist, wenn er sich als Helfer zur Verfügung stellt, um dem Fragenden und Hilfesuchenden ohne vorsätzlich-materielle Vorteile und subjektive Imagepflege zu dienen.

Wenn der Frager aus niederen Beweggründen nach Informationen giert, wenden sich die höheren Geistwesen ab und überlassen das Feld den Foppgeistern und Kobolden, die dann die Gelegenheit nützen, mit dem Frager ihren Schabernack zu treiben.

Das kann dazu führen, daß der Frager, meist nicht sofort erkennbare, unrichtige Informationen oder zwar richtige, aber zu unguten Resultaten führende Antworten erhält. Solche unseriösen Fragen mit ihren negativen Folgen kommen leider häufig vor. Wenn die Integrität fehlt, sei es seitens des Kartenlegers, sei es vom Fragenden her, dann können Foppgeister und

Kobolde mit diesen Karten im wahrsten Sinne spielen und Unfug aller Art treiben. Wenn es dann dem Frager auf Grund der Antworten schlecht geht, haben diese Wesen ihre Schadenfreude.

Das Gesetz von Ursache und Wirkung macht sich auch hier bemerkbar. Wenn sich jemand die Karten legen läßt, ohne wirklich Hilfe zu benötigen, vielleicht nur, um anderen eins auszuwischen, sich materiell zu bereichern oder, um besser dazustehen, dann gerät das Ganze auf eine niedere Ebene mit ihren Folgen. Der Fragende kann dann Schaden erleiden.

Auch dem Kartenleger kann das passieren, wenn er aus unlauteren Motiven oder in selbstsüchtiger Absicht handelt.

Fr.: ***Gibt es beim Kartenlegen, wie beim Hellsehen oder anderen medialen Informationsquellen, Fälle, in denen dem Fragenden absichtlich eine unrichtige Information gegeben wird, um ihm eine Lehre zu erteilen ?***

Aw.: Ja, das gibt es. Besonders wenn eine mediale Auskunft vom Fragenden nicht angenommen und immer wieder nachgefragt wird, dann stört dieses Mißtrauen und die Unzufriedenheit mit der Antwort die Jenseitigen, die ja immer bereit sind, zu helfen und ihr Bestes zu geben, und es wird - zur Belehrung und damit wieder zum geistigen Vorteil des Fragenden - die erwünschte, aber unrichtige Antwort erteilt. Diese führt dann meist zu einem negativen, jedoch besonders lehrreichen Erlebnis.

Die Jenseitigen haben die Aufgabe und den inneren Wunsch, zu helfen und sind nicht erfreut darüber, wenn das nur auf mehr oder weniger schmerzhafte Weise möglich ist.

Fr.: ***In der Radiästhesie werden Pendel und Wünschelrute zum Aufsuchen von Wasser, bestimmten Metallen, zum Orten von Krankheiten und zur Ja-Nein oder Positiv-Negativ-Beantwortung von Fragen eingesetzt. Bedarf es dazu einer besonderen Medialität und wenn ja, wie kann man diese erlangen oder fördern ?***

Aw.: Eine mediale Veranlagung muß und eine entsprechende charakterliche Eignung sollte vorhanden sein. Man kann die mediale Veranlagung testen, indem man es einfach versucht. Man sieht dann, ob es gelingt und das meist sofort überprüfbare Ergebnis der Pendel- oder Wünschelruten-Aussage entspricht.

Bei der Wünschelrute spürt der Betreffende auch, ob er genügend mediale Kraft hat, manchmal durch ein Ziehen in den Armen, immer aber durch ein entsprechend starkes Drehpotential der Rute.

Ähnlich verhält es sich mit dem Pendelausschlag. Der Radiästhesist weiß dann innerlich um seine Begabung. Durch Übung kann er noch sensibler werden und wenn er sich darauf einstellt, wird ihm auch von oben Hilfe zuteil. Diese Einstellung sollte meditativ-zielgerichtet sein, um in die richtigen gedanklichen und gefühlsmäßigen Schwingungen zu kommen.

Von der geistigen Welt her können dann zusätzliche Energien zur Verbesserung der Ergebnisse eingesetzt werden. Damit wird das körperlich-geistige Eigenpotential des Radiästhesisten durch gleichartige kosmische Energien verstärkt und so ausgerichtet, daß es mit den Schwingungen des gesuchten Materials korrespondieren kann. Auf diese Weise entsteht ein entsprechender Ausschlag.

Auch bei den Erdstrahlen müssen die persönlichen energetischen Kraftfelder in der Weise gepolt sein, daß sie die Erdstrahlen ergänzen oder verstärken und dann mit Hilfe der Rute oder des Pendels anzeigen. Eine besonders hohe, geistige Entwicklung ist für die Handhabung dieser Phänomene und Techniken nicht notwendig.

Fr.: ***Sind auf diesem Wege auch hellsehartige Informationen von Eurer Seite her möglich ?***

Aw.: Ja, wenn sich der Betreffende im Bewußtsein seiner Begabung in positivem Sinne, d.h. aus selbstloser Hilfsbereitschaft so einstellt, wie eben geschildert, dann entsteht eine Verbindung zu jenseitigen Helfern, die dazu beitragen, die richtigen Antworten und Ergebnisse zu erhalten.

Es gibt auf diesem Gebiet sehr starke Begabungen, die auch ohne jenseitige Hilfe Ergebnisse erzielen können. Aus unedlen Motiven wird das leider manchmal für negative Zwecke, ähnlich der schwarzen Magie, mißbraucht.

Fr.: ***Wie werden bei Euch im Jenseits die Planchette, das Tischchenrücken, und ähnliche Praktiken eingestuft ? Ist es hilfreich, sich mit diesen parapsychologischen Techniken und Hilfsmitteln zu befassen ?***

Aw.: Es gibt auf allen diesen Gebieten besonders mediale Begabungen, die trainiert werden können. Dabei kommt es immer wieder, wie in allen Fällen, in denen man jenseitige Hilfe und Mitwirkung erwartet, darauf an, daß die Motivierung uneigennützige Hilfe für Menschen oder Seelen ist, die derer bedürfen. Man sollte dann als charakterlich-positiv gefestigte Persönlichkeit aus ehrlichem, inneren Bedürfnis heraus darum bitten, auf diesem Wege hilfreiche Informationen zu erhalten.

Bei labilen Persönlichkeiten, die sich dieser Praktiken bedienen, können sich leicht negative Geistwesen einschalten. Für diese sind die genannten Techniken Spielzeuge und sie lauern darauf, sich auf einem dieser Wege einschleichen zu können, um ihre eigenen Kräfte zu demonstrieren, oder einfach um mitzumischen. Sie wollen zeigen, daß sie auch wichtig sind und einem durch irgendwelche Überraschungen Respekt beizubringen vermögen.

Es gibt eine Anzahl solcher Wesen, die nur auf eine Gelegenheit warten, sich einer Person zu bedienen, die eine dieser Praktiken beherrscht, um auf diese Art wirksam zu werden. Das können sowohl höhere als auch niederere Wesen sein. Es ist einfach eine Möglichkeit, die von Wesen mit gleicher Frequenz am besten wahrgenommen werden kann. Je nach Frequenzband können dann gewisse Informationen und geistige Hilfen durchkommen, andere hingegen nicht.

Medien sind oft für die Durchgabe der ihnen entsprechenden Eingebungen mehr geeignet , für andere weniger oder gar nicht. Das ist durch die geistige Frequenz-Bandbreite des Mediums begrenzt. Man sollte sich daher vor der Anwendung solcher Möglichkeiten durch positiv-meditative Verbindung mit guten jenseitigen Wesen vor dem Einfluß negativer Wesen schützen, indem man um geistigen Schutz bittet.

Manche Medien wissen es nicht oder denken nicht daran, daß ohne geistig-moralischen Schutz niedrigeren jenseitigen Wesen Tür und Tor geöffnet sind. Eine der größten Gefahren liegt darin, daß negatives, eigensüchtiges, zu materielles oder gar schwarzmagisches Denken des Mediums die entsprechenden negativen Kräfte anzieht, und diese dadurch wirksam werden können.

Im Gegensatz zum Hellsehen als direkte gedankliche Verbindung können negative Kräfte durch Benutzung zwischengeschalteter Mittel leichter andere Informationen durchgeben, als ihrem Denken und Wissen entspricht. Sie können bewußt und zu ihrem eigenen Vergnügen lügen.

Die Barriere, die durch den bei positiven Medien vorhandenen Energiegürtel gegen alles Negative gebildet wird, erstreckt sich nicht immer auf die verwendeten Hilfsmittel, besonders, wenn dieser Energiegürtel nicht sehr stark ist.

Materielle Gegenstände sind im allgemeinen ungeschützt, sodaß sich negative Geistwesen leicht ihrer bemächtigen können. Beim Menschen selbst wirkt der Energiegürtel ähnlich einem geistigen Immunsystem. Negative Energiefrequenzen können dann nicht an den Menschen heran, es sei denn, daß in dessen astralen Immunsystem Löcher sind, durch die sie sich einschleichen können.

Das Medium wirkt ähnlich einer energetischen Röhre, in die die Intuitionen von oben einfließen.

Es ist wichtig, daß sich das Medium durch die Visualisierung eines energetischen Lichtmantels, der für negative Schwingungen undurchlässig ist, gegen negative Einflüsse absichert.

Fr.: ***Manche Leute arbeiten mit der Numerologie oder der Kabbala. Was ist von dieser Art Informationssuche zu halten ?***

Aw.: Numerologie und Kabbala beruhen auf höchsten geistigen Gesetzen, die mit den mathematischen Zusammenhängen im gesamten Universum verbunden sind. Es ist eine sehr hohe und ernst zu nehmende Möglichkeit, vorhandene Situationen zu erforschen und Tendenzen aufzuzeigen, weil in mathematischen Gesetzmäßigkeiten Göttlichkeit enthalten ist. Wer um diese weltenregulierenden Gesetze bewußt oder unbewußt weiß, für den sind solche Gebiete der Information besonders erfolgversprechend und hilfreich. Man soll die in der Literatur enthaltenen Auslegungsregeln sehr ernst nehmen und nicht damit spielen.

Diese Art der Wahrheitsfindung benötigt keine besonders hohe Medialität, weil hinter den Ziffern selbst eine hohe Eigenschwingung steht. Die Zahlen selbst besitzen hohe Kräfte. Fehlerquellen liegen bei den Menschen. Der Ausführende kann Fehler machen, weil das gesamte Wissen, das hinter den Zahlen steht, zu einem großen Teil verloren gegangen ist.

Die Zahl an sich mit ihrem energetischen Potential ist integer. Man kann z.B. aus dem Geburtsdatum, dem Geburts- und Wohnort sowie dem Namen und anderen bezifferbaren Daten gute und richtige Informationen erhalten.

Die Numerologie ist eine edle Wissenschaft, weil mathematische Zusammenhänge aller Art ein Abbild der göttlichen Ordnung offenbaren und deshalb von den Menschen mehr gepflegt werden sollten. Wer sich ernsthaft damit beschäftigt, empfindet das energetische Potential und spürt die Aussagekraft der Zahlen, weil er intuitiv mit ihnen verbunden ist und erfassen kann, was an tieferem inneren Sinn in den Zahlen liegt. Damit sind Numerologie und Kabbala hohe Künste.

Die irdischen Namen werden in der Kabbala oft ebenfalls zur Deutung herangezogen. Sie sollten dazu aber mit der Persönlichkeit des Menschen besser übereinstimmen. Eine solche Übereinstimmung kommt nicht allzu häufig vor.

Ihr habt oft Namen, die zu allgemein oder zu traditionell sind und eurem Schwingungspotential nicht gerecht werden oder deren Kraft durch zu große Verallgemeinerung, Unterschätzung oder Mißbrauch verloren ging. Ein solcher Name ist für eine Deutung weniger geeignet, und es erfordert eine höhere Medialität, um die Persönlichkeit richtig zu erfassen.

UFOS UND AUSSERIRDISCHE

Fr.: ***Gibt es Ufos und wenn ja, woher kommen sie und was wollen deren Besatzungen ?***

Aw.: Die Ufos existieren. Sie werden von wohlwollenden Außerirdischen benutzt, um die Erde zu beobachten. Sie müssen größtenteils unsichtbar bleiben, weil die Menschen sie sonst verfolgen würden.

Fr.: ***Stammen diese Außerirdischen von einem bestimmten Planeten ?***

Aw.: Die Planeten sind voll von Bewohnern, auch wenn sie für den Menschen nicht sichtbar sind. Es sind teils Astralwesen, teils ganz andere, verschiedenartige Wesen mit unterschiedlichen körperlichen und geistigen Strukturen und mit verschiedenen Entwicklungsstufen.

Diese Wesen können zum Teil die Erdenbewohner wahrnehmen und beobachten sie auch. Es handelt sich aber um verschiedene Wahrnehmungsebenen.

Diese Außerirdischen sind zum Teil viel weiter fortgeschritten und bedauern manchmal die leider oft nutzlosen menschliche Bemühungen. Sie würden den Menschen gerne in ihrer Entwicklung helfen, aber die Menschheit ist in ihrem einseitig rationalen Denken, ihren Dünkel und Größenwahn sehr eingeengt.

Meditation ist ein guter Weg zu einer geistigen Verbindung mit höher entwickelten Wesen. Die Menschen haben leider den irrationalen Teil ihrer Wahrnehmungs- und Kommunikationsfähigkeiten zum größten Teil verkümmern lassen und tun sich deshalb auf diesem Gebiet sehr schwer.

Das innere Bestreben in dieser Richtung ist jedoch wach, und nach und nach wird man sich dieser geistigen Fähigkeiten mehr und mehr bewußt werden, bis daraus eine große Schubkraft zur Höherentwicklung entsteht, und eine bessere Verbindung mit Außerirdischen zustandekommen wird.

Fr.: ***Wie verständigen sich die Außerirdischen untereinander ?***

Aw.: Gedanklich und telepathisch. Man könnte mit ihnen auch telepathisch Kontakt bekommen. Sie wären sogar sehr daran interessiert und sind traurig darüber, daß die Menschen sie meist als Feinde betrachten und Angst vor ihnen haben. Dabei gibt es keine bösartigen Außerirdischen im Sinne dieses eures Begriffes, die den Erdenbewohnern schaden wollten.

Daneben gibt es natürlich außerirdische, negative Geistwesen, die mit den hier gemeinten Außerirdischen und Ufo-Besatzungen jedoch nichts zu tun haben.

Fr.: ***Wie könnten wir Erdenbewohner am besten Kontakt mit Ufowesen erhalten und bei welchen Außerirdischen könnte man dabei am ehesten Erfolg haben ?***

Aw.: Zuerst muß der ernsthafte Wunsch vorhanden sein, mit Außerirdischen in Kontakt zu treten und gedanklich von ihnen Bilder und Informationen zu erhalten. Die Außerirdischen, die dafür in Betracht kommen, haben die Aufgabe erhalten, den Menschen zu helfen, dergestalt z.B. zu verhindern, daß Flugzeuge oder Schiffe zusammenstoßen oder ähnliches.

Sie nehmen auch von sich aus Kontakt mit Menschen auf, die dazu bereit sind. Es gibt bereits Lande- und Startbasen, z.B. in den Anden und in der Schweiz, wo Ufos landen, die aber geheimgehalten werden. Militärbehörden und in der Nähe dieser Landeplätze wohnhafte Personen kennen diese Orte.

Es wäre für die Außerirdischen viel leichter und erwünscht, wenn die Erdenbewohner telepathisch mit ihnen Kontakt aufnehmen würden, anstatt auf ihre Raumschiffe und deren Besatzung Jagd zu machen. Man sollte sich auf liebevolle Weise auf die Außerirdischen einstellen und sie um geistigen Kontakt und Informationen bitten.

Durch gelegentliches Sichtbarwerden wollen sie die Erdenbewohner informieren, daß es sie gibt und daß sie für die Erde und ihre Bewohner nützlich sind. Wer uneigennützig und in positivem Sinne nach diesen Außerirdischen sucht, erhält die nötigen Informationen, um mit ihnen Kontakt zu bekommen.

Fr.: ***Habt Ihr selbst auch Verbindung mit solchen Außerirdischen ?***

Aw.: Nein, aber wir wissen um sie. Es ist eine eigenständige Gruppe im jenseitigen System, eine speziell strukturierte, in sich abgeschlossene Welt für sich.

Wir könnten mit diesen Außerirdischen Verbindung aufnehmen, ähnlich, wie es auch mit euch unter bestimmten Voraussetzungen möglich ist. Ich selbst habe keinen Kontakt mit ihnen, aber wir sind informiert. Es gibt sehr viele solche Gruppen. Man könnte sie mit einem irdischen Verein auf der Erde, der eine bestimmte Idee vertritt, vergleichen.

Sie haben ein hohes Ideal, eine Aufgabe, der sie sich widmen. Auf diesem Gebiet sind sie auch geschult und werden eingesetzt. Außerdem sind die Ufo-Wesen technisch sehr begabt und beschäftigen sich gerne mit technischen Errungenschaften.

Die Betreuung Verstorbener gehört nicht zu ihrem Bereich. Sie wollen der Menschheit Hilfe im weitesten Sinne bringen und sind bemüht, die energetischen, feinstofflichen Kräfte, die sie im Rahmen ihrer existenziellen Entwicklungsstufe beherrschen und die bestimmte, höhere technische Entwicklungen erst ermöglichen, dafür einzusetzen. Durch ihre Aktivitäten machen sie die Menschheit auf weitere energetisch-technische Entwicklungsmöglichkeiten immer wieder aufmerksam.

Sie sind traurig darüber, daß die Menschen ihre Hilfe noch nicht annehmen können, wissen aber, daß die Entwicklung des menschlichen Geistes dafür nicht weit genug fortgeschritten ist und der Erkenntnisfähigkeit Grenzen gesetzt sind.

Die außerirdischen Ufo-Besatzungen sind ein Geschwader, das sich für seine Aufgaben einsetzt. Stammsitz einer solchen Gruppe ist z.B. der Stern Sirius. Die Ufo-Wesen sind aber auch im Raum verteilt und nicht unbedingt an einen Planeten gebunden.

Sie können mit ihren Raumschiffen die Sphären wechseln und sich im Astralraum bewegen. Das System ist variabel, sie können sich verfeinern oder verdichten, d.h. unsichtbar oder sichtbar werden, verfügen über eine variable Energie und können blitzschnell erscheinen und wieder verschwinden.

Fr.: ***Wäre es Euch drüben möglich, Kontakte zu diesen Außerirdischen zu vermitteln ?***

Aw.: Ja, wenn es von Irdischen gewünscht wird. Die Außerirdischen sehnen sich sogar danach und sind frustriert, daß sie oft so abweisend behandelt werden. Dort, wo Kontakte zustande kommen, wird Wissen der Außerirdischen vermittelt, soweit die Erdenbewohner es aufnehmen können.

Sie arbeiten mit irdischen Wissenschaftlern zusammen, denen nach und nach dieses Wissen als Intuition, Eingebung, Einfall zugeteilt wird. Die Denkweise der Irdischen ist noch sehr stofflich-starr und materialistisch orientiert. Uns Jenseitige würde es freuen, wenn die geistige und technische Aufwärtsentwicklung schneller vor sich ginge.

Die Intuitionen werden immer im positiven Sinne durchgegeben und kommen auch so an. Oft aber werden die Erfindungen oder Entdeckungen von einseitig fixierten Personen, z.B. den Militärs, für ihre Zwecke einseitig in Anspruch genommen und damit oft ins Negative gekehrt.

Die Information an sich ist immer wertfrei und wird niemandem vorenthalten. Die vermittelte Idee ist neutral und wird vom irdischen Wissenschaftler dort umgesetzt, wo sie gebraucht wird. Der Chemiker kann z.B. dieselbe Idee für chemische Zwecke, wie das Militär für militärische, verwenden. Oft sind Nichtwissenschaftler mit mehr Eingebungen gesegnet , als andere, aber es fehlt ihnen häufig die Grundlage sie zu verwirklichen.

Die Menschen, mit denen die Ufo-Wesen bereits Kontakt haben, sind in ihrem Inneren überzeugt. Einzelne haben das auch bekanntgegeben, aber man glaubte ihnen nicht.

Fallweise sind die Außerirdischen damit beauftragt, Unwetter, Stürme, Taifune u.ä. zu verhindern oder abzuschwächen. Sie greifen harmonisierend in die rund um die Erde wirksamen energetischen Gürtel ein, um größeren Katastrophen zu begegnen oder ihre Auswirkungen zu lindern.

Ihre Einstellung und Tätigkeit gegenüber dem Planeten Erde und seiner Bevölkerung ist von ihrem Auftrag her und in der Ausführung nur positiv.

VERÄNDERUNGEN IN DER UMWELT

Fr.: ***In England hat man auf Getreidefeldern und Wiesen große Ornamente gefunden, deren Entstehung noch nicht ganz geklärt ist. Wie kamen diese Geländebilder zustande ?***

Aw.: Diese Ornamente sind nicht neu. Sie entstehen, soweit sie echt sind und nicht durch Witzbolde nachgeahmt wurden, durch ein entsprechendes Zusammenwirken von formenden Energien aus der Erde und aus dem Kosmos.

Dabei können auch sogenannte Foppgeister mitwirken, die solche Ornamente mitgestalten und Erdenmenschen durch geistige Eingebungen dazu animieren, es im Rahmen ihrer Möglichkeiten ebenfalls zu tun. Sie freuen sich dann über die Ratlosigkeit der Menschen, regen sie aber andererseits auf diese Weise auch zum Nachdenken an. Ich sehe gerade eine Gruppe von Erdgeistern, die furchtbar lachen.

Man könnte diese Ornamente als höhere Kunstwerke kultivieren, aber dazu sind diese Wesen nicht imstande und deshalb interessiert sie Kunst nicht.

Fr.: ***In der Schweiz sollen unerklärlicherweise Erdlöcher von ca.10 m Durchmesser und 12 m Tiefe entstanden sein. Es wird behauptet, daß Außerirdische mit dem Namen "Santiner" hier Erdproben zur Untersuchung, wie weit diese Erde krank sei, entnommen hätten. Der Name des Leiters dieser Santiner sei "Ashtar Sharon". Ist das richtig ?***

Aw.: Ja, das stimmt. Die Santiner sind Außerirdische, die sich ständig bemühen, den Erdbewohnern zu helfen.

Die Absicht der Santiner, einen Teil der Erdbevölkerung mit großen Raumschiffen in Sicherheit zu bringen, um sie dann nach kurzer Zeit, während der die Erde wegen eines Polsprungs unbewohnbar sei, wieder mit verbesserten Eigenschaften auf die Erde zurückzubringen, ist in absehbarer Zeit meines Wissens nicht vorgesehen. Die Santiner haben das vor, sind jedoch für ein solches Vorhaben zu wenige.

Die Vorstellung dieser Gruppe stimmt meines Erachtens mit dem Schicksalsplan der Erde nicht überein. Ein Polsprung wird nicht welterschütternd sein und keine Endzeit bedeuten. Die Santiner stehen für einen Einsatz bereit, überschätzen hier aber ihre Möglichkeiten. Sie haben jedoch besondere Kräfte und eine Materialisation oder Dematerialisation ist für sie kein Problem.

Leider können die Erdenbewohner ähnliche Kräfte, wie sie die Santiner haben, noch nicht erhalten, weil ihre Entwicklung das noch nicht zuläßt. Die Santiner haben die Aufgabe, helfend zu wirken, und sie sind dazu immer bereit. Sie meinen aber, es komme aus ihnen selbst, während es in Wirklichkeit höhere Kräfte sind, von denen sie ihre Eingebungen und Aufträge erhalten.

Sie sind sehr hoch entwickelt, von ihrer Aufgabe sehr überzeugt und nehmen ihre Sendung als Helfer sehr ernst. Die Menschen stellen sich ihnen leider in ihrem materialistischen und oft mit Angst behafteten Feinddenken entgegen, weil ihnen die Reife fehlt.

PYRAMIDEN

Fr.: Kannst Du mir etwas zu den Geheimnissen der Cheopspyramide sagen ?

Aw.: Die Cheopspyramide hat noch eine weitere Grabkammer. Und so, wie ich das sehe, muß da noch ein sehr prächtiger König darin liegen. Von diesem König strahlt Kraft aus. Es war ein Priesterkönig, der eine große geistige Kraft hatte. Das war auch ein Grund, warum man die Könige einbalsamiert und so eng gewickelt hat. So sollten nach der damaligen Vorstellung diese geistigen Kräfte konzentriert erhalten bleiben.

Die geistige Ausstrahlung des Königs, der in diesem Grabe liegt, ist auch heute noch wirksam. Deswegen ist die Pyramide auch immer noch erhalten. Der König wird von Geistwesen bewacht, ähnlich einer Totenwache.

Gebaut wurde die Pyramide von unzähligen Sklaven. Ihre Baugröße sollte mathematisch der Ausstrahlungskraft und Bedeutung des verstorbenen Königs Ausdruck verleihen. Man stellte sich vor, daß diese Ausstrahlungskraft des Pharao von der Grabkammer bis an die äußeren Grenzen der Pyramide reicht und sich dort mit den kosmischen Kräften verbindet.

Wenn eine solche Kraft wirksam ist, kann sie durchaus unbefugte Eindringlinge abhalten und auf sie zerstörend wirken. Nur geistig und ethisch-moralisch hochstehende Menschen mit ähnlichen Schwingungen, wie sie in der Pyramide herrschen, werden von der geistigen Ausstrahlung der noch nicht geöffneten und beraubten Grabkammer positiv beeinflußt und nicht zerstört.

Damals herrschte die Überzeugung, daß das Volk sowohl die körperliche als auch die geistige Ausstrahlung des Pharao benötigte, um zu überleben. Man war von einer engen Seele-Körper-Beziehung, die über den Tod hinausreicht, überzeugt und hat den Körper des Pharao als Wohnung seiner Seele durch die Mumifizierung unsterblich machen wollen, um so Seele und Körper des

Gottkönigs dem Lande zu erhalten und seines Schutzes und seiner geistigen Führung auch weiterhin teilhaftig zu sein. Aus dieser religiösen Weltanschauung heraus haben Baumeister, Aufseher und Sklaven diese Pyramiden erbaut, ohne daß sie dazu besonders gezwungen werden mußten. Man sah in dieser Arbeit eine Art Gottesdienst, mit dem man sich gerne das Wohlwollen und den Schutz Pharaos verdiente.

Die in der Geschichtsliteratur und den Medien verbreitete Darstellung der Erbauung der Pyramiden durch grausam mit der Peitsche von Sklaventreibern zur Schwerstarbeit gezwungene Sklaven ist unrichtig. Die Sklaven, die die Pyramiden erbauten, benutzten Rollen und Seile und zogen in Viererformationen - die Seile über der Schulter - die Blöcke über Rampen zur vorgesehenen Stelle. Dazu wurde durch geistige Konzentration das Gewicht der Steine vermindert, sodaß die Sklaven kräftemäßig nicht überfordert wurden.

Über dem Gesamtprojekt stand eine geistige Obermacht, die diese Kräfte entsprechend verteilen konnte. Die Sklaven wußten größtenteils nicht, warum ihnen die Arbeit relativ leicht von der Hand ging und so gut gelang. Sie wurde geistig gesteuert.

Fr.: ***Wird die letzte, derzeit noch unbekannte Grabkammer der Cheopspyramide bald gefunden werden ?***

Aw.: Um diese Grabkammer liegt eine Art geistiger Wächtermantel, der wie eineTarnkappe wirkt, sodaß die Menschen diese Grabkammer gar nicht sehen können, obwohl sie bereits wissen, daß noch eine Kammer existiert und ihre Lage schon lokalisiert ist. Aber es ist, als ob das menschliche Gehirn durch eine geistige Kraft blockiert wäre, sozusagen Mattscheibe hat, damit nicht erkannt wird, daß das die Grabkammer ist. Diese Grabkammer soll jetzt noch nicht gefunden werden.

Es fehlt die innere, geistige Erleuchtung, das tiefere Verständnis und Empfinden der heutigen Menschen für die religiös-geistigen Grundlagen des damaligen Ägypten und die energetischen Vorgänge, die damit verbunden waren. Man ist gegenüber den vorgefundenen Zeugen dieser alten religiösen Kultur geistig blind und die Forscher und Wissenschaftler sehen alles nur zeitgeschichtlich linear, weil sie kein Organ dafür haben, die geistig-seelischen Hintergründe dieser hohen, mit dem Göttlichen verbundenen Geistesrichtung zu erfassen, die höchste Energien anzapfen und weitergeben konnte.

Wenn die Menschen dieselbe oder eine äquivalente geistige Einstellung zum pharaonischen Gottkönigtum, zu den Pyramiden und Mumien hätten, wie sie damals Allgemeingut war, würde man auch die letzte Grabkammer der Cheopspyramide finden.

Sie wird sich von selbst offenbaren, sobald die Menschen eine höhere Entwicklungsstufe erreicht haben, mit der nicht nur vermehrtes Wissen, sondern auch größere verstehende und erkennende Ehrfurcht vor hohen Kulturen verbunden ist.

Solange das materielle Denken vorherrscht und man in erster Linie nach goldenen Schätzen und fremdenverkehrsfördernden Objekten sucht, wird es noch nicht möglich sein, diese letzte Grabkammer zu entdecken.

Gold war übrigens damals noch kein Wertobjekt im heutigen Sinne, sondern nur durch seinen edlen Glanz und seine Haltbarkeit von allen Materialien am besten geeignet, die Größe der Gottheiten und seiner Vertreter zu unterstreichen.

Das Geheimnis der Cheopspyramide wird erst gelüftet werden, wenn man sich allgemein mehr danach sehnt, die geistig-religiösen Hintergründe dieser Kultur zu erfahren, ihren Wert anerkennt und sich mit dem zugrundeliegenden Gedankengut, das den meisten heute noch unverständlich scheint, ehrlich auseinandersetzt.

Dann wird auch die nötige Erfurcht vor diesem Kulturgut vorhanden sein und der Zugang zur letzten Grabkammer wird sichtbar werden.

Es handelt sich um mehr, als nur um eine Grabkammer. Ein großes, geheimes Wissen ist mit ihr verbunden, das den Menschen wertvolle Erkenntnisse und wichtige Fortschritte bringen wird.

Fr.: ***Haben die Erbauer ähnlicher Pyramiden in anderen Ländern, z.B. in Südamerika, die ägyptischen Pyramiden zum Vorbild genommen oder war es umgekehrt? Dienten diese Pyramiden einem ähnlichen Zweck ?***

Aw.: Die Erstehung der Pyramiden kam an verschiedenen Orten aus der gleichen geistigen Quelle und deswegen waren die Formen und Gesetzmäßigkeiten dieselben.

Die Menschen in Ägypten und in Südamerika kamen aus der gleichen geistigen Ebene, von der sie dieses innere Wissen auf die Erde mitbrachten, daher die Ähnlichkeiten der ägyptischen und südamerikanischen Pyramiden.

Die Erbauer haben nicht voneinander kopiert, sondern aus dem gleichen geistigen Quell geschöpft. Es waren bestimmte religiöse Einstellungen, eine Art Zeitgeist, der an verschiedenen Orten der Welt gleichzeitig Pyramidenbauten entstehen ließ.

Der Sinn der Pyramiden war ein mehrfacher. Sie waren Orte der Kraft und sind es auch heute noch. Durch die Bauweise wurde die Kraft zentriert und die zur Zeit der Hochblüte dieser Kulturen lebenden Pharaonen und Priesterkönige waren geistig so hoch entwickelt, daß sie selbst ebenfalls Orte der Kraft waren. Mit ihrer Beisetzung in den Pyramiden wurde dort die Kraft noch zusätzlich verstärkt.

Fr.: ***Wie sind die bekannten Auswirkungen einer maßstabgerecht nachgebauten, kleinen Pyramide zu erklären ?***

Aw.: Die Einströmwinkel der uns alle umgebenden Kräfte werden in einer Pyramidenform im Mittelpunkt optimal zentriert. Es entsteht eine Art Frequenzballung, eine energetische Potenzierung.

Als Material für einen Nachbau sind in erster Linie Platin, aber auch Silber, Silberpapier und andere glänzende Materialien, auch Kupfer oder ein dünnes Kupferdrahtnetz, für das Gerüst dünne Holzstäbe gut geeignet.

Wichtig ist dabei die Maßstabtreue. Darin liegt bei einer zusätzlichen Ausrichtung nach den Magnetpolen der Erde eine optimale Kraftzentrierung und Energieentfaltung der vorhandenen Schwingungen. Das hat unter anderem einen Konservierungseffekt zur Folge. Begibt man sich in den Zentralpunkt der Pyramide, kann dort die mediale Aufnahmefähigkeit verbessert werden.

OSTERINSEL - FIGUREN

Fr.: ***Sind die Steinfiguren auf der Osterinsel auf ähnliche Weise entstanden, wie die Pyramiden von Gizeh und woher kamen die Ureinwohner dieser Insel ?***

Aw.: Die Steinfiguren auf der Osterinsel sind älter als die Pyramiden von Gizeh. Auf der Osterinsel herrschte auch eine völlig andere geistige Kultur als im alten Ägypten. Die ägyptische Kultur war hoch ausgebildet, feinstgeistig, während auf der Osterinsel sehr urelementare Kräfte herrschten.

Die Bewohner konnten zwar auch mit Geisteskraft Wirkungen erzielen, aber auf einer niedrigeren Ebene. Sie konnten Wind und Regen machen und Kräfte zur Levitation aktivieren. Es handelte sich dabei um mehr erdgebundene Energien, über die sie in gewissem Umfang verfügen konnten und die sie als personifizierte Gottheiten anbeteten.

Die Urbewohner der Osterinsel stammten von Inseln im Ozean, nicht vom Kontinent, waren also ein Inselvolk und hatten eine gute Beziehung zur Ebene der Gnomen, Wassergeister, Erdgeister und Dämonen. Mit deren Hilfe konnten sie außergewöhnliche Leistungen vollbringen.

Sie hatten keine Hochreligion, sondern einen mehr erdhaften Geisterglauben. Durch bestimmte rituelle, tänzerische Bewegungen zogen sie Kräfte an und wußten, mit ihnen umzugehen. Sie tanzten sich gruppenweise in Trance, während sie sich gleichzeitig auf den gewünschten Erfolg, z.B. auf eine Wetteränderung, konzentrierten, um so das Wetter zu beeinflussen.

In Verbindung mit trommelähnlichen Tönen erzeugten sie eine Art Energiewirbel, konnten so Levitationen erzielen und Gewichtsverringerungen erreichen. Solches Tun gefiel den angebeteten und angerufenen Geistwesen, sie freuten sich darüber und waren diesen Menschen gewogen.

Die riesigen Steinfiguren stellen diese Gottheiten dar und sollen durch ihre Größe deren Bedeutung und das Ausmaß der Verehrung, die man ihnen entgegenbrachte, ausdrücken.

Im Gegensatz zu den heutigen brasilianischen Kult-Tänzen wurden bei den damaligen Tänzen auf der Osterinsel keine Drogen eingesetzt. Die kultischen Tänze der Oster-Insulaner waren selbstlos und dienten dazu, die Geister freundlich zu stimmen, um mit ihrer Hilfe Positives für das Volk zu bewirken.

Das Gemeinschaftsdenken war stark ausgeprägt. Die Gruppe als Ganzes war Hauptträger der Verbindung mit den Erdgeistern und die Einzelindividualität trat ganz in den Hintergrund. Sie nahmen ihre Weltanschauung im Rahmen dieser Erdkräfte-Ebene ernst. Es war eine Entwicklungsstufe mit der ihr eigenen Ordnung und Gesetzmäßigkeit, eine Religion der personifizierten Naturgewalten.

Fr.: ***Es gab zu jener Zeit sicher auch Führungskräfte aus eurer Ebene, die den damaligen Menschen halfen. Waren das andere Geistwesen, als die heutigen Geistführer oder geistigen Helfer ?***

Aw.: Die Geistführer wechseln. Die damaligen Geistführer waren diesen Menschen entsprechend ihrer Entwicklungsstufe zugeteilt. Sie hatten den Auftrag, zu helfen und zu schützen.

Jeder Entwicklungsebene gehören entsprechende geistige Führer und Helfer an, ähnlich den Lehrern und Professoren verschiedener Schultypen. Mit einer weiterschreitenden Entwicklung kommen andere Geistführer. Es kann aber sein, daß ein und derselbe Geistführer einen Menschen oder ein Volk über längere Zeit begleitet, je nachdem, welche Art der Entwicklung oder Entwicklungsstufe vorliegt.

Dabei gibt es unendlich viele Denkmuster, Gedankenräume und Lebens-Stilarten, die innerhalb der gleichen Entwicklungsstufe wirksam sind, sodaß ein Wechsel dieser Stufe oft erst nach einem längeren Zeitraum im irdischen Sinne möglich ist, und der für die gegenwärtige Stufe vorgesehene Geistführer seinen Schützling eine entsprechend lange Zeit im Rahmen dessen geistig-charakterlicher Entwicklung begleitet.

Die Entwicklungsstufen sind wie abgeschlossene geistige Welten. Ein Wechsel kann nach einer gesetzmäßigen Anzahl von Reinkarnationen oder Inkarnationen auf einen anderen Planeten, aber auch in einer Weiterentwicklung bei uns im Jenseits entsprechend den göttlichen Entwicklungsgesetzen stattfinden.

ORTE DER KRAFT

Fr.: ***Gibt es auf der Erde die sogenannten Orte der Kraft, an welchen sich die Menschen mehr als anderswo kräftigen können und sich wohlfühlen?***

Aw.: Ja, die gibt es. Bekannt sind Stonehenge in England, die Kathedrale von Chartre, aber auch das Straßburger Münster. Dort findet sich ein großer Kraftstrom neben der großen Säule mit den Engeln, links vor dem rechten Nebenaltar mit der Uhr.

Fr.: ***Wie entstand Stonehenge und was hatte es früher und hat es heute noch für eine Bedeutung für die Menschen ?***

Aw.: Stonehenge war früher ein riesiger Tempel mit einer goldenen Kuppel. Er diente einem Kult der Sonnenanbeter. Es wurden weder Menschen- noch Tieropfer dargebracht, sondern nur Feldfrüchte symbolisch geopfert. Die Sonne war die oberste Gottheit. Es war zur Zeit, als noch Atlantis existierte. Stonehenge ist heute noch ein Ort der Kraft.

Fr.: ***Gibt es weitere bedeutende Orte der Kraft und wie reagieren die dortigen Bewohner ?***

Aw.: Wo Menschen wohnten, die sehr mit der geistigen Welt verbunden waren (z.B. in Klöstern und ähnlichem), eine positive Einstellung hatten und danach lebten, bewirkte ihre positive, geistige Ausstrahlung zusammen mit dem Magnetfeld des betreffenden Ortes sowie kosmischen Einstrahlungen eine energetische Aufladung und Verstärkung des örtlichen Energiefeldes, die teilweise noch bis in die heutige Zeit nachwirkt.

Hingegen hängen die Erscheinungen im Bermudadreieck (Verschwinden von Schiffen und Flugzeugen) mit dem elektromagnetischen Gürtel der Erde zusammen, der dort eine Art Magnetfeld mit anderen, sehr starken

Frequenzen gebildet hat, das wie ein starker Sog wirkt. Es ist kein positiver Ort der Kraft. Schiffe und Flugzeuge können auch auf dem Grund des Meeres nicht wiedergefunden werden, weil der ganze Vorgang wie eine Dematerialisation wirkt.

Fr.: ***Könnten die Erdenbewohner auch selbst einen Ort der Kraft erzeugen und wie müßten sie das bewerkstelligen ?***

Aw.: Wie schon erwähnt, werden durch positive Energien der Bewohner Orte günstig beeinflußt, nehmen das Od, besonders der länger Anwesenden, auf und kombinieren es mit den örtlichen, starken elektromagnetischen Feldern. Dabei ziehen die dort herrschenden positiven Energien wie ein Magnet Personen an, die mit diesen Schwingungen und Kräften harmonieren und dadurch die lokalen Energien erneut verstärken und aufladen.

Aus diesen Gründen wurden an solchen Stellen schon seit frühester Zeit häufiger als anderswo kultische Stätten, Tempel, Kirchen und Klöster errichtet. Man fühlte, daß dort Urenergien konzentriert waren, die aus dem Zusammenwirken lokaler Energiefelder mit kosmischen Einflüssen entstanden waren, die Menschen anzogen und positiv beeinflußten. An diesen Orten konnten sich Geistesrichtungen besser entfalten und ihre Religiosität als Rückbindung an das Göttliche zum Ausdruck bringen. Das hat sich in den meisten Fällen bis heute, und nicht nur traditionell, erhalten.

Es gibt natürlich auch negative Energiefelder mit entsprechenden Einflüssen. An energetisch besonders disponierten Plätzen fühlen sich mit Vorliebe auch erdgebundene, niedere Wesenheiten wohl, die dort lebenden Menschen ungut mitspielen können.

Besonders bei anhaltender negativ-energetischer Einwirkung kann der Energiekörper der Menschen geschädigt werden. Dadurch wird das körpereigene Abwehrsystem geschwächt und es treten verstärkt Krankheiten auf. So ist unter anderem auch der krebsfördernde Einfluß bestimmter Erdstrahlen zu erklären.

Man kann Kraft-Einflüsse auch bei Tieren beobachten, die sich an bestimmten Orten wohler fühlen und lieber aufhalten. Elektromagnetisch hochfrequente Orte werden von Tieren oft gemieden. Dabei ist das bei den verschiedenen Tierarten nicht gleich. Es kommt auf das artspezifische Frequenzmuster an.

Das an Kraft-Orten bestehende Energiefeld bleibt lange und intensiv wirksam. Es kann durch entgegengesetzt gepolte Einflüsse nur sehr schwer zerstört werden.

ATLANTIS UND ANDERE VERSUNKENE KULTUREN

Fr.: ***Hat es Atlantis jemals gegeben ?***

Aw.: Ja. Es war ein Erdteil, der sich ungefähr in der östlichen Hälfte des heutigen Stillen Ozeans befand. Die Atlanter hatten eine hohe, gut durchformte Kultur mit geistig sehr mächtigen Priestern.

Mit der Zeit aber mißbrauchten diese Priester ihre Macht. Sie wollten sein, wie Gott, so banal das auch klingen mag. Sie hatten göttliche Kräfte in positivem Sinne. Allmählich kam im Zusammenhang mit ihrer Machtposition eine Überheblichkeit in ihr Denken und Trachten, wodurch eine negative Überlagerung ihrer Energien entstand. Ihre Kraft blieb zwar dieselbe, aber deren Richtung drehte sich, bildlich gesprochen, um 180° Grad und wirkte dann vernichtend. So ging Atlantis etwa 14.000 Jahre v.Ch. unter.

Fr.: ***Wie haben diese Atlanter gelebt ?***

Aw.: Es waren schöne Menschen mit einer strahlenden Gestalt, meist weiß gekleidet, mit viel Schmuck, viel Kristall, alles hell, goldene Gürtel, Goldschmuck um die Armgelenke und mit einem Kristalldiadem auf dem Kopf. Sie wohnten in Häusern. Sie verwendeten keine Fahrzeuge, denn sie konnten sich selbst rasch von Ort zu Ort bewegen. Sie hatten eine enorme Fähigkeit, ihre geistigen Kräfte zu beherrschen und praktisch anzuwenden.

Die Atlanter betrieben Ackerbau und ernährten sich von Getreide, Früchten und Geflügel. Sie hatten keine Viehzucht, d.h. sie züchteten keine Tiere, um sie zu verzehren. Es gab auch keine Jagd als Vergnügen, das war in ihrer Vorstellungswelt gar nicht enthalten. Ich kann aber sehen, wie sie ein Wildschwein essen. Das scheint aber nicht die Regel, sondern eher eine Ausnahme gewesen zu sein.

Zur Hauptsache bereiteten sie ihre Mahlzeiten aus Getreide, Früchten, Fischen und Geflügel.

Sie hatten ein spezielles Energiesystem, das mit der heute bekannten Hyperenergie verglichen werden kann. Sie konnten diese Energie geistig einsetzen und lenken. Z.B. konnten sie Licht erzeugen, indem sie mit geistiger Kraft die vorhandenen Energiefrequenzen veränderten und auf diese Weise in Lichtenergie umwandelten. Dadurch war es überall hell.

Fr.: ***Gibt es heute noch Nachkommen oder Reinkarnationen der Atlanter ?***

Aw.: Den Atlantern wurde bewußt, daß sie sich selbst durch ihre Überheblichkeit zu Fall gebracht hatten. Ihre Reinkarnationen leiden unbewußt unter dem Wissen, das Geschehene nicht rückgängig machen zu können. Sie haben den inneren Drang, in ihrer jeweiligen Inkarnation durch eine besonders demütige Lebenseinstellung vieles wieder gut zu machen.

Sie haben aus ihren früheren Erfahrungen gelernt und in ihrem Unterbewußtsein in ihre weiteren Inkarnationen mitgenommen, daß es kein besonderes Verdienst ist, auf einer höheren kulturellen Stufe zu stehen. Es bedeutet lediglich eine kontinuierliche Entwicklung, die jeder einmal durchmacht.

Die atlantische Kultur war übrigens nicht die älteste, aber die höchste. Es gab bereits vor ihr Hochkulturen, denn die Menschheit ist gegen 100 Millionen Jahre alt. Aber alle diese alten Hochkulturen sind durch ihre eigene Überheblichkeit und ihr eigennütziges Denken wieder untergegangen.

Auch beim Turmbau von Babel, der tatsächlich stattfand, war es die Überheblichkeit der Erbauer, die dazu führte, daß sich die führenden Persönlichkeiten gegenseitig nicht mehr verstanden und der Bau nicht weitergeführt werden konnte.

Vor Atlantis gab es zB. Lemuria, eine nicht ganz so hohe, aber auch Hochkultur. Die damaligen menschlichen Wesen waren noch nicht so fest auf die Erde inkarniert. Die Geistigkeit dieser Wesen war relativ hoch, weil die Bindung an die Materie noch nicht so stark war.

Das ist jedoch nicht mit Atlantis vergleichbar, weil die Lemurier zwar schon einen Körper hatten, aber noch nicht so materiell kompakt waren. Ihr Bewußtsein war mehr intuitiv, ähnlich einem Traumbewußtsein und nicht so stark im Ich zentriert, wie beim heutigen Menschen.

Sie lebten noch mehr nach den geistigen Gesetzmäßigkeiten. Die Gesellschaftsordnung war damit von vornherein gegeben, ohne daß dazu ein völkisch-politisches Prinzip nötig gewesen wäre.

Die geistige Ordnung, die in höheren Sphären herrscht, wurde einfach mitgebracht. Aber im Gegensatz zu Atlantis waren das keine vollbewußten Gesetzgebungen. Die Menschen lebten damals in Lemuria in einer Art unbewußter, göttlicher Ordnung. Ihre religiöse Grundhaltung war das Gesetz. Sie brachten die geistig-göttliche Ordnung mit der Materie in Verbindung und lebten danach. Es war eine Art Schwingen vom Geistigen zum Materiellen. Atmung, Nahrungsaufnahme und andere körperliche Funktionen standen infolge der anatomischen Andersartigkeit noch nicht so im Vordergrund, wie heute.

Diese Menschenwesen hatten zwar schon Häuser und Tempel, aber aus feinstofflichen und pflanzlichen Materialien. Es war eben ein Übergang vom Nichtmateriellen zum Materiellen, der für Erdenmenschen nicht leicht verständlich ist.

Auf der Erde herrschten zur Zeit der Lemurier auch andere Lichtverhältnisse, keine so krassen Unterschiede zwischen Tag und Nacht wie heute, sondern eher eine ständige, bläuliche Dämmerung, weil die verschiedenen Schichten der Erdatmosphäre andere waren. Es war wie ein ständiger Nebel, der durch eine Art Nachleuchten die dunkle Nacht erhellte, während er am Tage die Sonneneinstrahlung abdämpfte. Die Atmungsorgane waren diesen atmosphärischen Verhältnissen angepaßt.

POLSPRUNG

Fr.: ***Als Polsprung wird im allgemeinen eine relativ schnelle, örtliche Veränderung der beiden magnetischen Erdpole bezeichnet. Gibt es das und wie kommt der zustande ?***

Aw.: Infolge energetischer Veränderungen innerhalb oder außerhalb der Erde kann das Eis der beiden Pole im Zusammenhang mit einer Erwärmung sehr rasch schmelzen. Dadurch steigt der Wasserspiegel und verursacht Überschwemmungen. Diese Gefahr besteht.

Die unmittelbare Ursache liegt in einem Ungleichgewicht der um die Erde angeordneten energetischen Gürtel. Diese energetischen Ringe um die Erde stehen im Energieaustausch mit den Schwingungen des Planeten Erde. Durch Veränderungen auf der Erde ändert sich die Austausch-Schwingung zu den energetischen Gürteln und dadurch kommt die Erdachse etwas aus ihrer normalen Richtung.

Das muß nicht viel sein, aber es ist dann so, als ob die Erde ins Trudeln käme, sozusagen infolge der Änderungen in diesen verschiedenen Frequenzgürteln eiert. Dadurch entsteht eine Erwärmung der Pole und es gibt in der Folge Überschwemmungen. Das wird aber erst in einigen Generationen, also nicht so rasch kommen. Ihr werdet es nicht mehr erleben.

Das menschliche Mitverursachen eines solchen Polsprungs liegt in der Ausbeutung der Erde, der Umweltverschmutzung und der verschiedenartig naturwidrigen Behandlung des Erdballs.

Eine Eiszeit wird nicht kommen; es wird eher heißer werden. Dadurch entstehen aus der Polareisschmelze Flutwellen und Überschwemmungen, hauptsächlich im nördlichen Bereich der Erde. Man versucht auch hier, von jenseitiger Ebene die Begleiterscheinungen abzuschwächen und eine Katastrophe zu verhindern.

Es hängt sehr vom Benehmen der Menschen untereinander und gegenüber der Umwelt ab, ob es zu einem Ausbruch kommen wird. Die Menschen sollten bewußter mit ihrer Heimat Erde umgehen und sie nicht aus Bereicherungsstreben so krass ausbeuten, denn das führt zur Katastrophe. Es liegt in der Hand der Menschen, in ihrer Einsicht, wie lange die Erde besteht oder noch bewohnbar bleibt.

In der kosmogeschichtlichen Gesamtentwicklung spielt die Erde samt ihren Bewohnern nur eine geringfügige Rolle und die Angst vieler Menschen vor dem körperlichenTode, dessen sich ja jeder gewiß ist, fällt, entsprechend großräumig gesehen, überhaupt nicht ins Gewicht. Letztlich geht es um die Gesamtentwicklung und diese ist kontinuierlich.

Wenn den Menschen der Planet Erde gefällt und sie ihn lange bewohnen wollen, müssen sie ihn entsprechend pfleglich behandeln. Wenn sie das nicht tun, haben sie die unangenehmen Folgen im Rahmen ihres allgemeinen Lernprozesses zu tragen. Atombomben, Giftgase u.dgl. sind geeignet, die Menschheit in ihrer körperlichen Erscheinungform auszurotten. Wer an dieser Ausrottung in irgendeiner Form mitgewirkt hat, kann sich kaum ausmalen, welch qualvolle Zukunft ihn nach dem Gesetz von Ursache und Wirkung erwartet.

Die Erde wurde mit all ihrer Schönheit geschaffen, damit sich die Lebewesen wohlfühlen können und einen Ausgleich zu den mit der Materie an sich verbundenen Beschwernissen haben.

Der nächste Polsprung bedeutet nicht den Untergang eines Großteils der Menschheit, sondern findet nur in kleinerem Rahmen statt. Es ist im Erdkarma enthalten, daß bei solchen Katastrophen manche umkommen und andere nicht. Das ist nicht das Wesentliche, sondern wesentlich ist, in welche Richtung sich die Menschheit und der einzelne Mensch bewußt entwickeln will.

Geistig gesehen heißt umkommen eine negative Entwicklungsphase durchmachen.

Bei den bereits stattgefunden Veränderungen der Pole sind viele Lebewesen zugrundegegangen und zum Teil auch ausgerottet worden. Aber von jenseitiger Sicht ist das nicht entscheidend, weil diese Wesen ja anderweitig weiterleben.

Manche ausgerotteten oder ausgestorbenen Arten haben ihre Formen in Energien umgewandelt, die sie in andere Lebewesen einbringen konnten, damit sich diese besser entwickeln konnten und wohler fühlten.

GEHEIMNISSE NEUERER GESCHICHTE

Fr.: ***Wird bei Euch im Jenseits auch Geschichtswissenschaft betrieben ?***

Aw.: Ja und zwar intensiv. Das ganze Wissen ist in großen Bibliotheken enthalten, in denen die absolute Wahrheit und auch die Hintergründe der geschichtlichen Abläufe in Büchern aufgezeichnet sind. Es handelt sich dabei aber nur um die Geschichte des Planeten Erde im Gegensatz zur Akasha-Chronik, die das ganz Große, Universale darstellt.

In den Bibliotheksbüchern sind auch die Ursachen geschichtlicher Ereignisse, ja sogar die Gedanken der beteiligten Persönlichkeiten enthalten. Das Interesse an diesen Bibliotheken ist sehr rege, weil viele Ankommende sich freuen, daß sie hier die ganze Wahrheit der Abläufe erfahren können.

Auf Seelen, die aktiv an diesen Geschehnissen beteiligt waren, wirkt das oftmals bedrückend, weil sie bei der Lektüre die Fehler erkennen, die sie und andere in diesem Zusammenhang gemacht haben. Sie bemühen sich dann, vom Jenseits aus durch Intuition und gedankliche Beeinflussung dahin zu wirken, daß solche Fehler möglichst nicht mehr gemacht und negative Folgen vermieden oder gemildert werden.

Fr.: ***Wäre es möglich und wärst Du so freundlich, mir auf Grund Deiner Nachforschungsmöglichkeiten einige ungeklärte oder für uns seltsame Fälle näher zu erläutern ? Z.B. das Geheimnis von Meyerling ? Es gibt noch Zweifel, wie Kronprinz Rudolf von Österreich wirklich gestorben ist ?***

Aw.: Das will ich gerne tun. Kronprinz Rudolf litt unter Depressionen. Er kam nicht durch Mord, sondern durch Selbstmord um. Seine Liebesgeschichte mit der Gräfin

Vetsera hatte ihn innerlich sehr aufgewühlt und die Ausweglosigkeit in Verbindung mit seiner Krankheit, eben dieser starken Neigung zu Depressionen, hatte ihn so stark angegriffen, daß er nicht mehr weiter wußte. Es wirkte auf ihn wie ein Sog zu diesem Ende hin, dem er nicht ausweichen konnte, weil er von diesen Kräften eingefangen war.

Fr.: ***Auch der Tod Mozarts scheint nicht ganz geklärt zu sein. Wie starb Mozart wirklich ?***

Aw.: Es haben mehrere Faktoren mitgewirkt. Er hatte seine Kräfte zu sehr verausgabt, betrieb Raubbau mit seiner Lebensenergie und litt an einem tuberkulösen Infekt. Der Gesundheitszustand seines Körpers interessierte ihn kaum und er überanstrengte sich, auch geistig, fast ständig.

Am tuberkulösen Infekt allein hätte er nicht sterben müssen, sondern diese dauernde Überforderung seiner Gesundheit und eine zunehmende Neigung zum Alkohol verursachten seinen Tod.

Fr.: ***Wurden tatsächlich mehrere Päpste ermordet ?***

Aw.: Ja. Ursächlich dafür waren inkarnierte, negative Kräfte, die dann selbst den Gesetzmäßigkeiten negativer Energien ausgeliefert waren.

Führungsgremien religiöser oder geistiger Gesellschaften sind geradezu Tummelplätze negativer Kräfte, weil von dort aus großer, geistiger Einfluß ausgeübt werden kann und das Machtstreben ein weites Betätigungsfeld vorfindet.

Der Machthunger war und ist es immer wieder, der zum gewaltsamen Tod von Päpsten geführt hat und auch weiterhin führen kann.

Fr.: ***Die Geschichte der berühmten Filmschauspielerin Marilyn Monroe wird manchmal so dargestellt, als ob der seinerzeitige amerikanische Präsident Kennedy ursächlich für ihren Selbstmord gewesen wäre. Wie war das wirklich ?***

Aw.: Diese Darstellung ist nicht richtig. In dieser Frau lag eine tiefe Depression, an der sie zugrunde ging. Sie hatte zwar eine Affäre mit Kennedy, aber das war nicht die Ursache ihres Todes. Auch mit ihrer Karriere hing der Tod nicht zusammen.

Sie hatte Komplexe und fühlte sich innerlich als kleines, trauriges Mädchen. Die Äußerlichkeiten waren ihr gar nicht so wichtig. Sie wäre lieber eine liebe, kleine Hausfrau gewesen, mit Familie und Kindern. Das hätte ihrem innersten Wesen entsprochen. Aber die zutiefst ersehnte Liebe und Geborgenheit hat sie nie bekommen. Das erfüllte sie mit so großer Traurigkeit, daß sie daran zerbrach, nicht an ihren Liebesverhältnissen.

Fr.: ***Im Similaungletscher der Ötztaler Alpen an der Grenze Österreich-Italien wurde die noch erhaltene Leiche eines über 5000 Jahre alt geschätzten Mannes gefunden. Könntest Du uns etwas über diesen Similaun-Mann sagen ?***

Aw.: Das war ein waghalsiger Hirte, der auf die Jagd ging und sich leichtsinnigerweise zu hoch, nämlich in Höhen, die er vorher noch nie erreichte, hinaufgewagt hat.

Er hatte seine Kräfte überschätzt, wurde dazu noch von einem Unwetter überrascht, verlor die Orientierung, ist im Eis eingebrochen und verklemmte sich ein Bein, sodaß er sich nicht mehr befreien und retten konnte. In der Nacht ist er dann erfroren.

Fr.: ***Über den Absturz eines Flugzeuges der Rheintal-Fluggesellschaft beim Anflug auf den Flugplatz Altenrhein (Kanton St.Gallen/Schweiz) im Februar 1990 herrscht immer noch nicht volle Klarheit. Was war die wahre Ursache dieses Absturzes ?***

Aw.: Es war ein Schaden im mechanischen Teil des Flugzeuges und zwar ein Motorschaden. Es hat sich ein Bestandteil erhitzt und störte die Treibstoffzufuhr. Die Pilotin war verzweifelt, als sie das Fehlverhalten des Motors bemerkte und wußte sich nicht zu helfen.

Fr.: ***Im Golfkrieg wurde der gefährlichste Mann im nahen Osten, Saddam Hussein, und sein Waffenarsenal stark geschont. Hatte das besondere Gründe ?***

Aw.: Ja, Saddam Hussein wurde geschont, weil er zahlreiche Anhänger und Freunde hat, die ihn weitgehend geistig abschirmten. Außerdem ist er im Grunde prowestlich eingestellt. Er stellt ein Gegengewicht gegenüber anderen herrschsüchtigen Kräften im nahen Osten dar. Weiters sind derzeit keine geeigneten Nachfolger vorhanden, die der Gefahr von Revolutionen und anderer kriegerischer Auseinandersetzungen gewachsen wären.

Zurzeit sind die Iraker noch ziemlich demoralisiert und haben Schwierigkeiten mit dem eigenen Wiederaufbau, sodaß von dort noch lange Zeit keine neue Kriegsgefahr droht.

Fr.: ***Sowohl dem österreichischen Bundespräsidenten Kurt Waldheim als auch dem ehemaligen österreichischen Bundeskanzler Fred Sinowatz wurde vorgeworfen, daß sie die Öffentlichkeit bzw. sogar das Gericht belogen hätten. Ist das wahr ?***

Aw.: Dr.Kurt Waldheim ist ein politisch sehr fähiger und hochintelligenter Mann. Er hat die Wahrheit etwas geschönt und wußte das auch. Das Wort Lüge wäre aber im Zusammenhang mit seinem Beruf als Politiker zu hart.

Dr. Fred Sinowatz hat nicht bewußt gelogen, sondern war und ist von dem, was er gesagt hat, auch überzeugt. Er meinte es so, wie er es sagte, auch wenn er über die Tatsachen nicht unbedingt und immer richtig im Bilde war.

Fr.: ***Kann man im Zusammenhang mit Deinen Antworten und den Euch zur Verfügung stehenden Wissenquellen sagen, daß es im Grunde gar keine Geheimnisse gibt und zumindest Euch alles bekannt ist, auch das Geheimste ?***

Aw.: Die Wahrheiten sind den jeweiligen Ebenen angepaßt. Nicht jede Ebene weiß die vollständige Wahrheit. Ihr wißt und auch wir wissen nur das, was wir in unserem jeweiligen Bewußtseinszustand erfassen können.

Die Wahrheit an sich ist immer offenbar. Derjenige, welcher die Wahrheit erkennen will, ist manchmal daran gehindert, sie zu erfahren oder zu erkennen. Den höchsten geistigen Wesenheiten sind die höchsten Wahrheiten vollbewußt. Alle anderen können nur den Teil der Wahrheit erfahren, den sie im Rahmen ihrer Entwicklungsstufe erfassen können, wie z.B. dem Fisch im Wasser nicht bekannt sein kann, wie das Leben auf dem Lande ist. Er könnte das auch nicht verstehen.

Insgesamt gesehen gibt es keine Geheimnisse, es gibt aber Tatsachen, Gedanken und Ideen, die nicht jedem Geistwesen, sondern nur den sehr hohen bekannt sind. Diese bestimmen auch, wie mit diesen Geheimnissen umzugehen ist, ob sie z.B. der Menschheit verborgen bleiben müssen oder offenbart werden sollen. Es handelt sich immer um wahre Teilaspekte der allumfassenden, unendlichen und ewigen Wahrheit.

Wir Geistwesen wissen in unserer jeweiligen Sphäre

zwar wesentlich mehr als die Erdenbewohner, aber auch wir wissen nicht alles.

Wir können jedoch, wenn es unser brennender Wunsch ist, genau wie ihr, darum bitten, daß uns Helfer aus höheren Sphären beistehen und im Rahmen des Erlaubten das mitteilen, was wir auf unserer Ebene noch nicht wissen.

TECHNIK

Fr.: ***Wie verläuft in nächster Zeit die technische Weiterentwicklung ?***

Aw.: Es gibt auf der Erde einige sehr ehrgeizige Projekte, wie z.B. die Raumfahrt, die mit sehr viel Energie vorangetrieben wird. Diese Versuche werden von vielen geistigen, technisch interessierten Wesen beobachtet, die gerne helfen möchten, Verbesserungen zu erzielen.

Die Erdenbewohner sind jedoch durch eine Art intellektuell-lineares Denken in ihrer Kreativität eingeschränkt, sodaß sie sich noch eine ganze Weile abmühen müssen, um größere Erfolge zu haben.

Es werden dann ganz gezielt Wesen mit entsprechenden Informationen auf die Erde gesandt, die weitere technische Entwicklungen fördern. Es werden neue Antriebsmöglichkeiten, Energiequellen und andere Neuerungen gefunden werden, die dem technischen Fortschritt dienen.

Sehr viel später, wenn die Erde gereinigt, d.h. von den negativen Denkmustern weitgehend befreit sein wird, können auch Materialisation und Dematerialisation mit ihren vielen praktischen Möglichkeiten Bestandteil der irdischen Technik werden. Das dauert aber noch lange. Und es wird anders sein, als ihr es euch jetzt vorstellen könnt. Deswegen kann ich es nicht schildern.

Fr.: ***Gibt es auf der Erde in nächster Zeit wesentliche, technische Fortschritte ?***

Aw.: Ja, z.B. werden sich die Baustoffe ändern. Sie werden elastischer und tragfähiger. Andere technische Materialien werden ebenfalls leichter, elastischer und tragfähiger werden.

In der Autoindustrie ist das Profitdenken der Autohersteller einem echten Fortschritt hinderlich. Sie werden die im Prinzip herkömmlichen Autos bis zur völligen

Verkehrskatastrophe produzieren und verkaufen.

Die Hersteller wollen auf andere Verkehrsmöglichkeiten gar nicht eingehen, obwohl zahlreiche, entsprechende Ideen bereits vorhanden sind und nur auf ihre konstruktive Verwertung warten Erst wenn alle Verkehrswege hoffnungslos verstopft sind, werden Einzelfahrzeuge zu Gunsten der Massenverkehrsmittel immer mehr eingeschränkt werden, was Unannehmlichkeiten, persönliche Beschränkungen und negative Begleiterscheinungen mit sich bringen wird.

Im Grunde müssen die Menschen unter der Profitgier der Hersteller leiden. Die Zukunftsaussichten für den Verkehr sind alles andere als rosig. Erst wenn diese als Lernprozeß aufzufassende Verkehrsmisere ein Umdenken erzwingt, wird es etwas Neues geben. Das liegt aber noch in weiter Ferne.

Dann kommen die Raumschiffe als allgemeine Verkehrsmittel und zwar nicht nur als Verbindung zu anderen Himmelskörpern sondern auch auf der Erde, jedoch in Form und Funktion anders als die heutigen Flugzeuge.

Fr.: ***Werden bei Euch im Jenseits auch technische Entwicklungen gemacht ?***

Aw.: Ja, vorwiegend von Verstorbenen, die schon auf der Erde Ingenieure waren, sich auf anderweitigen Gebieten der Technik betätigt haben, oder daran großes Interesse hatten. Das sind gar nicht so wenige.

Es arbeiten Gruppen hochstehender Techniker zusammen, in Form eines richtigen Teamworks. Sie arbeiten äußerst intensiv an einer gemeinsamen Idee, um diese zu realisieren. Sie freuen sich dann sehr über die gelungene Entwicklung oder Erfindung. Die fertige Erfindung wird an eine Art Chef abgegeben, eine Wesenheit, die auf höherer Ebene darüber entscheidet, was mit dem erzielten Ergebnis zu geschehen hat.

Die Erfindung kann an andere geistige Gruppen als Grundlage oder Bestandteil eines weiteren Forschungsprojektes weitergegeben oder Forschern und Erfindern auf der Erde als geistige Eingebung im Sinne einer Intuition zugeleitet werden.

Die Geistwesen, die bei uns an solchen Projekten mitarbeiten dürfen, sind über diese Auszeichnung sehr erfreut. Sie haben einen natürlichen Ehrgeiz, alles sehr gut zu machen. Sie freuen sich auch über Kenntnisse und Fähigkeiten, die sie von der Erde mitgebracht haben, falls es sich um etwas Aussergewöhnliches handelt.

Diese Wesen werden immer in niveaugleichen Gruppen zusammengefaßt. Dadurch fehlt weitgehend die Versuchung, sich gegenseitig ausstechen oder gegeneinander konkurrieren zu wollen. Die Effektivität der Zusammenarbeit ist auf diese Weise optimal. Alle stehen ungefähr auf gleichem Niveau, haben aber verschiedene Ideen, die sie wettbewerbsfrei einbringen können.

Man wählt für diese Gruppen meist Wesen aus, die als Fachleute auf verschiedenen Gebieten für das vorliegende Forschungsprojekt am geeignetsten sind. Die Gruppe kann sehr gemischt und vielfältig sein und wird dadurch außerordentlich effektiv.

Die Weiterleitung der Ergebnisse an die Erdenbewohner geschieht, wie bereits erwähnt, als geistige Eingebung und zwar in der Regel so, daß ein Mitglied unserer Forschungsgruppen mit seinen Kenntnissen auf die Erde inkarniert. Dort werden diese in seinem Unterbewußtsein gespeicherten Kenntnisse durch die mit gleichartigen Energiefeldern arbeitenden Eingebungen im Laufe seines Erdenlebens zum vorgesehenen Zeitpunkt aktiviert und damit wirksam. So erklären sich auch die Unterschiede in den verchiedenen Begabungen und deren Erfolge auf der Erde.

Die geistige Entwicklungsstufe, auf der ein Mensch jeweils steht, spielt ebenfalls eine wesentliche Rolle. Man kann sich die betreffenden Energiefelder als eine Art Matrize vorstellen, in welche die vorhandenen oder neu aufgetauchten Ideen eingepreßt sind. Durch konzentriertes Denken ist es möglich, diese Ideen abzurufen. Oberstes Gebot sollte es daher in den Schulen sein das Denken auszubilden.

Fr.: ***Welche Neuerungen sind in nächster Zeit in der Bürotechnik und in der Fernmeldetechnik vorgesehen ? Ändert sich die Büroorganisation wesentlich ?***

Aw.: Eigentlich könnt ihr euch selbst vorstellen, was kommen wird, denn die Entwicklung liegt auf diesem Gebiet bereits auf der Hand und man muß nur etwas darüber nachdenken. Es ist zunächst einfach eine Fortentwicklung.

Alle technischen Geräte werden etwas verkleinert, besonders die Computer, letztere bis etwa Taschenrechnerformat. Das ist die nächste Stufe.

Diktiergeräte, die das Diktierte gleich schreiben, werden verbessert und der täglichen Praxis angepaßt. Das ist keine neue Idee, sondern die Weiterführung bereits vorhandener Pläne.

Es wird Inspirationen zur Verbesserung von Übermittlungssystemen geben, die schon vorgesehen und auf der Erde latent vorhanden sind.

Es sind nur ganz kleine Denkanstöße nötig, um sie in die Praxis umzusetzen. Die Gehirne der Fachleute platzen schon fast vor latenten Ideen und der Tendenz, sie ausuführen. Es werden kleine geistige Zündungen stattfinden und das Ganze wird sich realisieren. Daran wird die Menschheit sehr viel Spaß haben.

Fr.: ***In welche Richtung wird sich der Hoch- und Tiefbau weiterentwickeln ?***

Aw.: Die Entwicklung geht in Richtung Leichtmaterialien mit hoher Stabilität. Auch der Beton wird verbessert. Er wird leichter, elastischer und atmender. Die Zeit der Hochbauten großer Höhe ist mehr oder weniger vorbei, und man wird nur noch dort Hochhäuser bauen, wo echter Platzmangel herrscht. Unter die Erde gehen möchte man generell nicht, weil das steigende Bewußtsein der Naturnähe und die Freude an der Vegetation immer stärker werden.

Fr.: ***Gibt es in nächster Zeit noch andere interessante oder von den Menschen erwartete technische Entwicklungen ?***

Aw.: Die CDs, Tonbänder und andere Tonträger werden kleiner bei größerer Kapazität; man wird höhere Frequenzen benutzen, natürlich materielle Frequenzen im Unterschied zu den geistigen.

Die beiden Frequenzarten verhalten sich zueinander ähnlich wie knallharte Farben zu sanften, lieblichen Farben mit vielen Schattierungen. Sie passen nicht zueinander. Geistige Frequenzen sind auf der Erde in der Regel nur im Verhältnis Mensch zu Mensch und in der Meditation erlebbar.

Die Technik der Lebensmittelherstellung und -konservierung wird keine bedeutende Veränderung erfahren, doch sind gezieltere Anpassungen an die Wünsche der Konsumenten zu erwarten. Das industriell angefertigte Lebensmittelangebot ist nicht ungesund. Es enthält nur weniger Energie als unbehandelte Naturprodukte.

Die technische Kontrolle der Gehirnströme wird verbessert und kann dazu führen, aus den Gehirnströmen das menschliche Denken und Fühlen zu entziffern und zu beeinflussen. Der Mensch wird sich dieser Technik, die eine neue Art der Versklavung herbeiführen könnte, durch die Zusammenarbeit von Wachbewußtsein und Unterbewußtsein entziehen können, wenn die Seele damit nicht einverstanden ist.

POLITIK

Fr.: Wie wird sich die Europapolitik weiterentwickeln?

Aw.: Die wohlhabenderen europäischen Länder sehen sich immer wieder veranlaßt, anderen Ländern innerhalb und außerhalb Europas zu helfen. Durch dieses ständige Gefordertwerden zu Hilfeleistungen, die auch im eigenen Interesse notwendig sind, wird die Überheblichkeit, an welcher die meisten der wohlhabenden Länder mehr oder minder leiden, allmählich reduziert.

Eine aktive Nächstenliebe wird mehr und mehr Platz greifen, obwohl an die Länder stets neue Hilfeforderungen gestellt werden, die manchmal bis an die Grenze der Belastbarkeit reichen. Doch genau dieser Punkt wird angestrebt, damit die Regierungen und ihre Völker mehr Demut lernen.

Die Hilfeleistungen, materiell und geistig, sind es, durch die größere Kriege innerhalb Europas vermieden werden. Diese Kriege, auch Seuchen und andere Katastrophen, werden sich mehr auf geistig-charakterlich unterentwickelte Länder im nahen und fernen Osten beschränken.

Fr.: China ist zurzeit das letzte große, kommunistisch-autoritär regierte Land.
Wie sieht dort die Zukunft aus ?

Aw.: Im chinesischen Volk liegt noch eine immense, negative Energie verborgen, auf der aber derzeit eine Blockade liegt, um nicht in vollem Maße auszubrechen. Die Gefahr eines solchen Ausbruchs besteht.

Der Großteil des chinesischen Volkes stammt ursprünglich von einem Planeten, dessen Bevölkerung ihr Wissen mißbraucht und den eigenen Planeten zerstört hat. Diese Gefahr besteht seit der Erfindung der Atombombe auch auf der Erde. Die Bewohner dieses zerstörten Planeten haben sich nach und nach mit ihrem hohen intellektuellen Wissen auf die Erde inkarniert. Die mitgebrachten Begabungen schlummern in diesem Volk. Auf Grund der ihm von der göttlich-kosmischen Lenkung auferlegten Blockade müssen die Chinesen ein Agrarvolk sein.

Die ihnen innewohnenden Kräfte sind im Unterbewußtsein gespeichert und es ist nur eine Frage der Zeit, wann diese Kräfte den äußeren Umständen entsprechend wieder zum Tragen kommen können. In diesem Zusammenhang ist die Möglichkeit einer chinesischen Weltherrschaft in fernerer Zukunft nicht von der Hand zu weisen; aber zurzeit ist das nicht aktuell.

Eine große Anzahl geistiger Wächter wirkt regulierend, um ein Übergreifen größerer, negativer Energien auf die westliche Welt zu verhindern. Dabei gibt es auf beiden Seiten Kämpfe zwischen den positiven und negativen Kräften auf geistiger Ebene, die man nicht sieht und die schon vor einigen Jahren begonnen haben.

Fr.: ***Kann man hoffen, daß dieser Kampf nicht zu einem materiellen Kampf wird ?***

Aw.: Wenn ein geistiger Kampf negativ ausgeht, wird er zu einem materiellen Kampf. Derzeit wird das von geistiger Seite noch verhindert. Aber die negativen Bestrebungen sind sehr stark und man weiß nicht, wie lange es noch so bleiben darf. Im Zusammenhang mit der geistigen Entwicklung sind die negativen Energien gerade in diesem Land noch sehr mächtig.

Wichtig sind vor allem die in den Völkern schlummernden und gelegentlich wirksam werdenden inneren Kräfte. So wurde z.B. die Besserung des Ost-West-Verhältnisses und die Demokratisierung in verschiedenen Ländern, so auch in Rußland, durch eine tiefe, religiöse Gläubigkeit ausgelöst, die unabhängig von den verschiedenen Religionen und deren Lehren Frieden und Wohlergehen für alle Menschen herbeisehnt.

Diese innere Verbundenheit mit dem Positiven ist eine

gewaltige Energie, die schier unglaubliche Veränderungen ermöglicht und selbst große, negative Kräfte auszulöschen imstande ist.

Fr.: ***Könnt Ihr von drüben Einfluß auf führende Kräfte in Politik und Wirtschaft nehmen, damit das Leben auf der Erde besser wird ?***

Aw.: Ja, das wird auch getan. Aber es ist uns nur soweit möglich, als uns von den Menschen her Einflußmöglichkeiten durch entsprechende Weichstellen im Gedankengefüge geboten werden. Entsprechende Bitten und Gebete der Menschen sind da sehr hilfreich.

Oft versuchen wir, eine Besserung durch ein Bombardement positiver Eingebungen zu erreichen. Viele Menschen sind jedoch durch ihre Position, ihre Weltanschauung und ihr eigenes Denken starr in ein Schema eingezwängt, um auf diese Weise ihren Beruf, ihre vermeintliche Aufgabe oder was auch immer bestmöglich zu bewältigen. Dadurch sind sie geistigen Intuitionen gegenüber verschlossen. Das bedauert die geistige Welt sehr.

Eine ganze Front von Helfern steht bereit, kommt aber durch die Betonwände der Gehirne nicht durch. Vielfach können die Eingebungen im Schlaf eingeschleust werden, weil die Menschen in diesem Zustand offener sind und eher die Möglichkeit besteht, daß unsere Schwingungen einfließen können.

Fr.: ***Wie sieht die politische Zukunft in der ehemaligen UDSSR, im Irak, in Israel, auf dem Balkan, in Nordirland, bei den Basken und in Südtirol aus ?***

Aw.: Wie ich es derzeit *(Anm.d.Redakt.: Januar 1992)* sehe, wird die ehemalige UDSSR ein lockerer Staatenbund ähnlich den USA . Boris Jeltzin wird zunächst von seinen Anhängern als Held gefeiert, während Gorbatschow in den Hintergrund gerät. Für eine Demokratie ohne stark autoritäre Regierungsgewalt sind die östlichen Völker noch nicht reif genug.

Im Irak wird der politische Schwerpunkt gezwungenermaßen noch lange auf der Wiederherstellung und Verbesserung der wirtschaftlichen Verhältnisse liegen. Dadurch werden Aggressionen und Kriegslust sehr gedämpft, sodaß mit einer überwiegend friedlichen Entwicklung gerechnet werden kann.

Israel wird sich weiterhin dank amerikanischer und westlicher Hilfe behaupten können. Es wird aber noch Generationen dauern, bis Israel als Ganzes gelernt hat, ohne Haß, Aggressionslust und politische Überheblichkeit friedlich im Sinne der Nächstenliebe, mit anderen Völkern zusammenzuleben.

Die Balkanvölker haben ein zu starkes Selbstbewußtsein und Freiheitsbedürfnis, sodaß es auch dort noch lange dauern wird, bis der gegenseitige Haß unter den Völkern der Einsicht Platz macht, daß wirtschaftliche und personelle Zusammenarbeit ein besseres Leben für alle Beteiligten mit sich bringt.

Die Kämpfe in Nordirland werden von der britischen Regierung nicht sehr ernst genommen. Die Mitglieder der IRA werden mehr als widerborstige, uneinsichtige Kinder betrachtet, die man einfach in Grenzen halten muß. Ein Anschluß Nordirlands an Irland, das Ziel der IRA, wird nicht erreicht.

Auch die Basken, die gelegentlich den Aufstand proben, werden weder von Spanien noch von Frankreich wirklich ernst genommen, sondern nur immer wieder in ihre Schranken verwiesen. Eine echte Gefahr geht von ihnen nicht aus.

Südtirol will im Grunde keinen Anschluß an Österreich, sondern eine demokratische Autonomie, in der es nach allen Seiten hin offen bleiben und seine Angelegenheiten selbst regeln kann. Das wird auch trotz italienischer Widerstände weitgehend erreicht werden.

Fr.: ***Bestehen Aussichten auf eine demokratische, gesamteuropäische Regierung oder sogar auf eine demokratische Weltregierung, die gewaltsame Auseinandersetzungen verhindern könnte und den Weltfrieden garantiert ?***

Aw.: Der Europarat und die Uno mit ihren zahlreichen Unterorganisationen sind ein guter Beginn. Es werden aber nicht die Politiker, sondern die führenden Wirtschaftsgremien sein, die eine weltweite Zusammenarbeit als Voraussetzung für eine Europa- bzw. Weltregierung im Interesse des Gemeinwohles anstreben und erreichen werden. Davon werden alle Menschen profitieren.

Diese erstarkte Weltwirtschaft mit ihren Interessenvertretungen wird dann die Politik wesentlich beeinflussen. Die heutigen, extrem auf Einzelinteressen basierenden finanzpolitischen Bestrebungen größerer und kleinerer Gruppen und Staaten werden mehr und mehr einem größeren, europäischen und später weltweiten, demokratischen Regierungsprogramm zum Wohle aller Platz machen. Doch darauf werdet ihr noch ein bis zwei Generationen warten müssen.

Fr.: ***Wie sieht es in Zukunft mit der Überbevölkerung der Erde aus ?***

Aw.: Der Planet Erde ähnelt anderen Planeten, die nicht mehr existieren. Die Wesen jener Planeten suchten andere passende Himmelskörper für ihre weitere Existenz und inkarnierten u.a. auf diese Erde.

Die Überbevölkerung wird weiter zunehmen, weil diese Inkarnationsflut noch nicht abgeschlossen ist. Die negativen, inkarnierten und noch inkarnierenden Kräfte verstärken das negative Energiefeld der Erde sehr und lösen durch größere Katastrophen ihre eigene, materielle Vernichtung aus. Durch diesen Effekt verlassen sie wieder den Erdball, soweit er ihnen als Entwicklungsraum nicht länger zusteht.

Fr.: ***Wird das Problem der durch die Überbevölkerung bedingten Umweltverschmutzung bald gelöst werden ?***

Aw.: Vorerst ist keine Besserung in Sicht. Erst wenn die Bodenschätze fast ganz ausgeraubt oder unbrauchbar geworden sind, werden die Menschen durch Leiden lernen, ihr in der Masse durch Gedankenlosigkeit, Verschwendungssucht und Mangel an Verantwortungsbewußtsein geprägtes Verhalten zu ändern.

Es sind viele geistige Helfer hier, die sich pausenlos um eine Besserung bemühen. Sie haben auch schon Erfolge im Sinne einer größeren Rücksichtnahme auf die Umwelt und wichtige Lebensgrundlagen erzielt.

Fr.: ***Wenn die uns bekannten Energiequellen der Erde aufgebraucht sind, werden dann neue, uns jetzt noch nicht bekannte Energiequellen gefunden werden und welche werden das sein ?***

Aw.: Es wird sich dabei um Sonnenenergie und energetische Kraftfelder handeln, die um den Erdgürtel herumlaufen. Damit hat man sich noch gar nicht richtig auseinandergesetzt. Diese Energien umhüllen die gesamte Erde, sodaß sie überall angezapft werden können. Es ist Korpuscularenergie. Die Forschung wird sich diesen neuen Energiequellen zuwenden.

Kohle und Öl werden dann an Interesse verlieren. Die alten Energieträger werden geschont und nicht zur Gänze aufgebraucht werden. Durch jenseitige Eingebungen wird die technische Verwirklichung dieser neuen Energienutzung gefördert werden. Die Angst, zu wenig odere gar keine Energiequellen mehr zu haben, wird irrelevant. Gerade diese Angst wird aber bewirken, daß man intensiver nach neuen Energiequellen suchen wird und sie dann auch findet.

Der Mensch wird im jetzigen Wassermannzeitalter vom einseitigen, materialistischen Denken abkommen und erkennen, daß hinter der Materie geistige Kräfte stehen.

Diese Kenntnis energetischer Zusammenhänge wird wesentlich zur Entdeckung neuer Energiequellen beitragen und den Menschen veranlassen, die Natur und ihre Kräfte nicht nur zu nutzen, sondern sie auch als Lebensgrundlage zu schätzen und pfleglich zu behandeln.

EMANZIPATION

Fr.: ***Wie wird sich die Emanzipation der Frauen weiterentwickeln ?***

Aw.: Das weibliche Prinzip spielt, auch bei uns im Jenseits, eine ganz große Rolle, denn es bedeutet das Bindeglied und den Austausch von oben und unten, ein stetes Fließen von der geistigen zur materiellen Welt. Deswegen wird das Weibliche auch mit dem Wasser als Symbol des geistigen Fließens und der menschlichen Seele in Verbindung gebracht. Ein Matriarchat als mehr oder weniger unterbewußtes Ziel jeder Emanzipation wird es aber nicht geben.

Die Spitze der Emanzipation ist bereits überschritten. Die Frauen werden von oben her geschult. Im Unterbewußtsein wissen sie, daß sie großen Einfluß darauf haben werden, daß und wie dic mit dem weiblichen Prinzip zusammenhängenden, positiven Charakterwerte in der Praxis durchgesetzt werden und zum Segen der Menschheit an Bedeutung gewinnen können.

Dafür ist ein durch die Emanzipation gewonnenes, höheres Selbstvertrauen der Frauen Voraussetzung. Die Emanzipation mußte so kommen, damit sich die Frauen mehr Gehör verschaffen können, um die Aufgaben, die für sie vorgesehen sind, zu erfüllen, ohne daran gehindert zu werden.

Die Männerwelt wird dabei etwas überrollt werden. Dafür werden nicht alle Männer Verständnis haben. Das dauert noch einige Zeit. Die positiven, auf Harmonie und Liebe ausgerichteten, femininen Kräfte wirken auf gegensätzliches Denken wie eine Erleuchtung. Sie werden der Verbreitung des Geistigen und Guten durch ihre alles durchdringende, lichte Schwingung zum Durchbruch verhelfen.

Die zu einseitig-männliche Denkweise wird reduziert und erhält ihren entsprechenden Platz im Sinne eines harmonischen Gleichgewichtes. Diese Aktivität des weiblichen Prinzips ist wie eine alles überwältigende Welle, die anrollt und den mittlerweile immer kraftloser werdenden macht-, gewalt- und kampforientierten Teil des männlichen Prinzips zurückdrängt.

Das macht-orientierte Denken geht auch von seiner schicksalhaften Bestimmung her seinem Ende zu und sinkt im Auf und Ab des Lebens auf seiner Wagschale ab. Das weibliche Prinzip in der anderen Wagschale bewegt sich nach oben und setzt sich auch bei Männern immer mehr durch.

Über enorme Zeiträume hinaus wird sich die Bewegung der Wagschalen auch wieder umkehren, wenn der jeweilige Höhepunkt überschritten ist. Man darf sich aber diese Bewegungen nicht geradlinig und gleichmäßig vorstellen. Es handelt sich immer um große, energetische Strömungen, fließende Energien, die kommen und gehen, in sich ohne Rücksicht auf ihre Richtung prinzipiell gut sind und nicht mit menschlichen Maßen gewertet werden können.

Zurzeit rollt eben diese weibliche Welle als energetische Strömung. Die männliche Welle, um beim Beispiel einer Brandung zu bleiben, zieht sich zurück, um sich neu zu formieren und abgeschwächt oder auch verstärkt wieder zu kommen. Jeder ist in diese Bewegung mehr oder weniger im Rahmen des großen, kosmischen Planes einbezogen, gleichgültig, wie er darüber denkt. Innerhalb seiner schicksalsbedingten, individuellen Möglichkeiten kann er auf diese Bewegungen im Gefühl seiner relativen Entscheidungsfreiheit auch einwirken.

Fr.: ***Könnte man diese Entwicklung als einen ständigen Wechsel zwischen Patriarchat und Matriarchat verstehen oder wird es - vielleicht sogar bald - einen Ausgleich und damit ein Gleichgewicht der weiblichen und männlichen Energien geben und wie würde sich das im täglichen Leben und in der Entwicklung der Menschheit auswirken ?***

Aw.: Mit dem Wassermannzeitalter ist auch das Zeitalter des weiblichen Elementes verstärkt gekommen und diese Strömungen, diese Kräfte des Wassermannzeitalters wollen, brauchen und aktivieren das weibliche Element an sich. Das wird noch stärker als Träger geistiger Einflüsse und Inspirationen in Erscheinung treten, um den Einfluß der geistigen Welt und das geistige Wissen verstärkt in die Menschen einzubringen. Das hat mit Matriarchat nichts zu tun.

Das weibliche Prinzip an sich, auch im Manne, wird noch verstärkt werden. Es bedeutet nicht, daß jetzt mehr Mädchen geboren werden, das ist ein rein biologischer Vorgang. Dieser ändert sich sinuskurvenartig und steht mit dem Rhythmus des Wechsels zwischen dem rein geistigen männlichen und dem rein geistigen weiblichen Prinzip nicht in direktem Zusammenhang.

Es ist biologisch gewollt und begründet, daß normalerweise mehr Mädchen geboren werden als Knaben, da hier die Erhaltung der Art mit beabsichtigt ist.

DIE ZUKUNFT DER JUGEND

Fr.: ***Wie soll sich die Jugend am besten auf ihre Zukunft vorbereiten ?***

Aw.: Da gibt es kein detailliertes Rezept, weil die Zukunft für jeden einzelnen Jugendlichen anders aussieht.

Die heutige Jugend ist innerlich als Folge der allgemeinen menschlichen Entwicklung in Europa stärker in Richtung gegenseitiger Hilfeleistung programmiert, ist aufgeschlossener als früher und wird daher - nolens volens - eine positivere Handlungsweise üben. Sie weist auf Grund früherer Erfahrungen und im Zusammenhang mit ihrem Entwicklungsstand innerlich, auch unbewußt, einen höheren Grad an Demut und Verständnis auf, als frühere Generationen.

Es ist angebracht, generell der heutigen Jugend trotz zahlreicher Entgleisungen und negativer Erscheinungen volles Vertrauen entgegenzubringen.

Fr.: ***Wie könnte man in den Schulen die Jugend besser dazu anleiten, friedlich und harmonisch zusammenzuleben und ihre Zukunft positiver zu gestalten ?***

Aw.: Das wird schwierig sein, weil die meisten auf die Erde kommen, um ihre eigenen Schwächen zu erfahren. Dazu wird das Erdenleben mit seinen auch negativen Möglichkeiten gebraucht.

Die Wesen kommen mit einem vorausbestimmten Plan auf die Erde, den sie durchführen müssen und von dem sie wissen, daß er Teil ihrer Entwicklung und Schulung ist. Dabei ist die Palette der Entwicklungsstufen sehr breit. Deshalb wird man unter den jungen Leuten immer auch solche finden, die bereits auf einer höheren Stufe stehen und positive Belehrungen aufnehmen und innerlich verarbeiten.

Andere, die noch sehr verhärtet sind, lassen sich in der

Schule bereits ungern belehren, speziell über Dinge, die nicht offensichtlich ihrem materiellen Vorteil dienen.

Andere, die das Gehörte verarbeiten und sich danach richten, erleichtern sich ihr Schicksal. Manche von ihnen sind ganz bewußt auf die Erde gekommen, um "*zu hören*", um dadurch viel Förderliches aufzunehmen und sich und vieles zu ändern. Diese gehören einer höheren Entwicklungsstufe an. Sie haben diesen Weg gewählt, weil sie gewußt haben, daß sie ihn so nur auf Erden gehen können.

Die Wesen, die auf die Erde inkarnieren, wünschen sich ein geordnetes Schul- und Ausbildungssystem mit entsprechender Disziplin, obwohl ihnen diese auch gelegentlich in der Praxis unangenehm sein kann.

Die Zukunft wird auch mehr Disziplin in den Schulen und anderen Ausbildungsstätten mit sich bringen. Man wird auf die verschiedenen Fähigkeiten stärker Rücksicht nehmen und besonders bei der Berufswahl, aber auch bei der späteren Berufsausübung Disziplin verlangen, aber auch größere Freiheit und mehr Möglichkeiten bieten. Es wird mehr Eignungsprüfungen und größere Berufswahlmöglichkeiten geben.

FRIEDE, KRIEG UND KATASTROPHEN

Fr.: ***Können Kriege geistig verhindert werden? Hätte z.B. der Golfkrieg verhindert werden können?***

Aw.: Kriege entstehen, ähnlich anderen Katastrophen, aus der Übermacht der negativen Kräfte. Sie sind für diese Fälle im großen, göttlichen Plan, der die Basis für die menschlichen Schicksale darstellt, vorgesehen und dann nicht vermeidbar.

In manchen Fällen werden geeignete Personen als Werkzeuge oder Erfüllungsgehilfen des vorgesehenen Schicksals in die leitenden Positionen gebracht, um das vorgesehene Geschehen zu starten und zu steuern. Dabei können die betreffenden Führungspersönlichkeiten fallweise auch im guten Glauben handeln, Gerechtigkeit zu üben bzw. ihrem Volk zu helfen.

Von geistiger Seite wird eine Vermeidung oder Milderung von Schicksalschlägen aller Art immer angestrebt. Wo dies nach dem Karmagesetz möglich ist, können Gebete und Bitten an hohe geistige Kräfte Wirkung haben, und man sollte davon immer Gebrauch machen.

Gebete sollten aber nicht um persönlicher Vorteile willen gesprochen werden, sondern um das Positive, Reine und Gute an sich zu unterstützen und zu stärken. Belehrungen haben im allgemeinen keine Wirkung, da sie häufig auf Grund der niedrigen Entwicklungsstufe maßgeblicher Führungskräfte von diesen nicht verstanden werden, und weil Wille und Bereitschaft zu positiverer Denk- und Handlungsweise nicht vorhanden sind.

Fr.: ***Auf welche konkreten geistigen Ursachen kann man Naturkatastrophen, wie Stürme, Überschwemmungen, Vulkanausbrüche oder Dürreperioden zurückführen?***

Aw.: Es handelt sich unter anderem um gewaltige, negative Gedankenstürme, die sich in materielle Erscheinungen, wie Stürme, Fluten und andere Katastrophen umwandeln und somit reinigend wirken. Die konkrete Ursache liegt im global negativen Denken von Völkern oder großen Gruppen im Sinne von Aggressionslust, Haß, Neid, Machtgier und allem, was es an negativen Gedankenenergien gibt.

Diese negativen Energien geistig noch wenig entwickelter Menschenseelen, die sich oft des negativen Inhaltes ihres Denkens gar nicht bewußt sind, formieren sich zu einer Energieballung, wie ein Sumpf von Negativität, der ein gewisses Eigenleben entfaltet und sich in verschiedene Richtungen ausbreitet, um in der irdischen Realität Katastrophen zu erzeugen.

Auch das Wetter wird durch starkes negatives Denken der Menschen ungünstig beeinflußt. Hingegen kann ein positives Denken im Sinne der Nächstenliebe, der Toleranz und der Hilfsbereitschaft, wenn es stark genug ist, Katastrophen aller Art entgegenwirken. Gebete können helfen, wenn sie ernsthaft und nicht gedankenlos oder oberflächlich gebetet werden.

Fr.: ***Werden in nächster Zeit, vielleicht noch in diesem Jahrhundert, größere kriegerische Auseinandersetzungen stattfinden ?***

Aw.: Größere Kriege wird es in nächster Zeit nicht geben. Die derzeit akutenKriegshandlungen werden sich beruhigen, weil die Menschen des Blutvergießens überdrüssig werden und Material- sowie Lebensmittelknappheit zur Beendigung beitragen.

In den Ländern der ehemaligen UdSSR werden kleinere Revolten entstehen, weil die alten Funktionäre ihre Machtposition vielfach nicht aufgeben wollen. Europa wird dadurch nicht wesentlich beeinflußt.

In China wird man angesichts der Entwicklung in den anderen kommunistischen Staaten, besonders in Russland, wach werden. Dort besteht die Gefahr, daß es durch revolutionäre Kämpfe zu größerem Blutvergießen kommt. China wird noch ein Brandherd werden.

In Südamerika wird die Korruption noch mehr zunehmen. Die Menschen wissen nicht, wie sie aus diesem Sumpf herauskommen können. Es wird keine größeren Kampfhandlungen, wohl aber Unzufriedenheit und kleinere Aktionen geben. Durch die korrupte Denkweise werden Armut , Unruhe, wirtschaftliche Mißerfolge, auch Morde und Leiden aller Art noch längere Zeit anhalten. Große revolutionäre Umwälzungen werden nicht stattfinden.

Auch Südafrika wird keine Gefahr für den Weltfrieden bringen. Die farbige Bevölkerung kann sich nicht darauf einigen, einer Idee gemeinsam zum Durchbruch zu verhelfen. Es fehlt ihnen dazu die nötige Stabilität und Solidarität. Sie sind dem ideellen Kampf gegen die weiße Minderheit nicht gewachsen. Die Weißen werden auch weiterhin das Ruder in der Hand behalten, weil sie in der Realisierung ihrer Ideen viel konsequenter und härter sind. Die Farbigen zeigen sich zum größten Teil eher nachgiebig. Es fehlt ihnen eine gemeinsame, zentrierte und entsprechend formierte Idee, die konsequent realisiert wird.

SINN DES LEBENS

Fr.: ***Worin liegt der Sinn des menschlichen Erdenlebens und des gesamten Lebens überhaupt ?***

Aw.: Hat die Seele alle als menschliches Wesen machbaren Erfahrungen in sich aufgenommen, sich dadurch entwickelt und geläutert, dann ist der Sinn ihrer menschlichen Laufbahn erfüllt und sie kehrt als rein geistiges Wesen mit all den gewonnenen Erkenntnissen in die göttliche Urenergie zurück, um im Zustand der Glückseligkeit weiteren, erst dann erkennbaren Entwicklungen entgegenzusehen.

Die Antwort auf die Frage nach dem Sinn des ewigen Lebens an sich ist für menschliche Wesen schwer verständlich. Leben ist immerwährende Veränderung, mögen wir sie wahrnehmen oder nicht. Alle Schwingungen, die Grundbausteine alles materiellen und immateriellen Lebens, sind ununterbrochene Zustandsänderungen der Energieform.

Auch das ewige Leben ist nur als ewige Veränderung denkbar. Der in Mathematik und Physik unbestrittene Begriff der Unendlichkeit, auf die Zeit bezogen mit dem Begriff Ewigkeit ident, schließt das Erreichen eines Endzieles aus. Das würde nämlich Ende, Stillstand, Aufhören jeglicher Veränderung und somit Nicht-Leben oder das Nichts bedeuten.

Der Weg des ewigen Lebens führt nicht an ein bestimmtes Ziel, sondern der Weg selbst ist das Ziel. Dieses *"Sein"* mit seiner immerwährenden Entwicklung trägt seinen Sinn in sich selbst, wie auch Gott als die Ur-Lebensenergie nicht zielgerichtet existiert, sondern Sinn des ewigen Lebens in allen seinen Bewußtseinsebenen ist.

Diese zwar logische Antwort stellt jedoch erhebliche Anforderungen an die menschliche Vorstellungskraft. Dem nach Erkenntnis Ringenden wird sie der Mühe Lohn bedeuten.

Friedrich Taschner an seine TochterDr.med.Uta Taschner

Vita - Dr. med. Uta Taschner

Geboren	1944 in Geislingen/Steige
Eltern	Friedrich und Elisabeth Taschner beide Heilpraktiker
Ausbildung	Abitur 1964 in Lindau/Bodensee Studium der Humanmedizin in Frankfurt/M, Innsbruck und München Promotion an der TU München Ausbildung zum Badearzt in Bad Wildungen Spezialisierung: Naturheilverfahren, Homöopathie, Augendiagnose
Familienstand	Verheiratet, eine Tocher
Hobbies	Skifahren, Bergwandern, Reisen, Esoterik, Theater und Musik

Die Autorin veröffentlichte bisher u.a. im Südwestfunk eine Reihe lyrischer Gedichte. Ihr Gedichtband „Glaube, Liebe, Hoffnung", Einsichten und Aussichten in Lyrik und Prosa, ISBN 3-925418-35-0, m-s-Druck-Verlag Ötigheim, 1993, sowie auch das vorliegende Buch sind erhältlich bei der Aurorin:

Dr. Uta Taschner-Seifert
Brougierstraße 25
88131 Lindau/B.